高校思政教育
与大学生择业的研究

范福强　著

延边大学出版社

图书在版编目（CIP）数据

高校思政教育与大学生择业的研究 / 范福强著. --

延吉：延边大学出版社，2021.8

ISBN 978-7-230-01706-0

Ⅰ．①高… Ⅱ．①范… Ⅲ．①大学生－思想政治教育－研究－中国②大学生－职业选择 Ⅳ．①G641②G647.38

中国版本图书馆CIP数据核字(2021)第163855号

高校思政教育与大学生择业的研究

著　　者：范福强
责任编辑：严海英
封面设计：王　朋
出版发行：延边大学出版社
社　　址：吉林省延吉市公园路977号　　邮　编：133002
网　　址：http//www.ydcbs.com　　E-mail:ydcbs@ydcbs.com
电　　话：0433-2732435　　传　真：0433-2732434
印　　刷：北京市迪鑫印刷厂
开　　本：787mm×1092mm　1/16
印　　张：5.25
字　　数：190千字
版　　次：2022年3月第1版
印　　次：2022年3月第1次印刷
书　　号：ISBN 978-7-230-01706-0

定价：56.00元

前　言

党的十九大报告指出："要全面贯彻党的教育方针，落实立德树人根本任务，发展素质教育，推进教育公平，培养德智体美全面发展的社会主义建设者和接班人。"习近平总书记指出，要坚持把立德树人作为中心环节，把思想政治工作贯穿教育教学全过程，实现全程育人、全方位育人，努力开创我国高等教育事业发展新局面。

高校担负着培养社会主义事业合格建设者和接班人的重任，而高校思想政治工作是党的意识形态工作的重要组成部分，是高校意识形态工作的核心，是培养社会主义事业的合格建设者和接班人的关键所在。正确认识和把握高校思政教育的特点，才能有针对性地开展思政教育，使思政教育取得实效，完成高校人才培养的重任。

高校思政教育的主要目的是帮助大学生树立正确的世界观、人生观和价值观，大学生作为社会主义现代化建设的接班人，贯穿高校学习生涯的就业指导课是帮助当代大学生完成思政教育的主要途径。目前，大学生就业形势依然严峻。因此，加强对大学生就业指导，帮助大学生树立正确的择业观、就业观是十分有必要的。

本书共分五章，分别对当前高校思政教育概述、高校就业教育发展及现状、我国高校毕业生就业制度的发展及创新、高校就业指导中的思政教育和高校思政教育对大学生择业的影响等方面进行介绍，以期为高校思政教育工作以及帮助大学生树立正确的择业观、就业观做出一点努力。

由于笔者水平有限，不足之处恳请广大读者批评指正。

目　录

第一章 当前高校思政教育概述

第一节 高校思政教育的现状

思政教育，实际上就是指社会或社会群体在发展进程当中，用一定的思想观念、政治观念、道德观念对其成员施加有目的、有计划、有组织的影响，并促使其自主地接受这种影响，从而形成符合一定社会、一定阶级所需要的思想品德的社会实践活动。高校思政教育通过正确的价值观念引导以及正确的理论教育，可以切实提升大学生的道德品质。高校作为人才培养的摇篮，如何切实有效地进行人才培养，确保人才更加符合国家建设的需要和社会进步要求，是未来我国高校思政教育开展的重点，也是我国进行社会主义精神文明建设，确保国家不断取得进步和发展的关键。

一、当前高校思政教育现状

目前，高校思想政治教学内容较为陈旧、课程设置较为不合理。课堂教学模式仍然是通过教科书进行教学，过度重视对课本知识的讲授，不仅忽视社会热点、难点问题，也忽视了对大学生世界观、人生观、道德观、价值观的培养，学生的综合素养和社会实践能力并未得到有效提高。现阶段高校课程设置的不合理主要体现为思想政治课程的设置比例较小，有的学校甚至把思想政治课的上课时间放在晚自习，严重影响了思想政治课的教学质量。

高校思想政治课师资力量薄弱。目前，我国高校在逐年扩招，但师资力量却没有同比增长。许多高校均存在的师资力量薄弱的问题，以思想政治课程尤为严重。现在的高校大多选用一些较年轻的教师甚至是辅导员来担任学生的思想政治课程的授课工作，这些教师相对缺乏教学经验，不利于学生思想政治课的学习。

高校思政教育缺乏针对性。大学生由于个体差异相对较大，这就要求高校在开展思想政治课程时必须要意识到学生差异。目前的高校思想政治课程开展缺乏对学生个体的针对性，在进行教学时也没有运用因材施教的方法，造成了部分高校思想政治课程的开展缺乏相应的指导原则。部分高校并未坚持"以人为本"的原则，而是将高校视作"教育工厂"，教师在教育工作中依然不注重学生的个性发展。学生的个性差异没有得到重视，而是被动地接受知识，导致很多学生对思想教育的学习热情较低。

二、未来改进高校思政教育的方法与策略

加强校园文化建设。首先，丰富校园文化活动。高校可通过定期邀请相关专家，开展有关爱国主义教育的讲座，并组织学生观看爱国主义教育的电影等。其次，从大学生社团管理的角度出发，尽可能地制定符合社团特点的规范和管理要求，传递更多正能量以形成更为健康的社团文化。最后，加强校园网络管理。高校可以通过互联网，发布信息和传递信息，尤其可以对现阶段的热点信息以及典型人物的事迹进行宣传；同时也可以对大学生进行社会主义核心价值观教育，对于提高大学生思想政治理论认知，避免负面内容的侵蚀，具有极其重要的作用。

转变教学观念，加强教师队伍建设。高校思政教育有效性的关键在于加强教育队伍建设，高校不仅要加强思想政治课程教师队伍的建设，给予教师广阔的发展空间，提高教师的综合素质和工作积极性。同时，还要重视对辅导员等一线工作人员思想政治素质的培养，例如可以定期邀请相关专家对辅导员等一线工作人员进行政策方面的解读和指导，同时还可以通过主题报告的形式，让辅导员等一线工作人员积极参与其中，提高其接受能力。

改进教学方法，注重主动性教学。高校思政教育应当注重提高大学生对思想政治的兴趣和热情，让学生主动、积极地拓展自己的知识面。因此，在教学过程中，应当将大学生的思政教育与社会热点事件密切结合，激发大学生学习积极性。

高校思政教育的现状是比较复杂的，思政教育面临新的挑战。我们应该以积极的态度来应对挑战，革新传统的思想政治教学方式，在习近平新时代中国特色社会主义思想的指导下，加强高校思政教育，为社会主义建设事业输送优秀人才。

第二节　当前高校思政教育的主要问题

现今社会不断进步，对人才的需求也不断增加，这改变了高校毕业生的就业标准。在新形势下，当前高校思政教育存在以下几个问题。

一、大学生思政教育的实效性问题

高校要想落实大学生思政教育，首先要对学生负责。思想教育是高校根据社会主义事业的发展对大学生的政治思想道德素质教育提出的新要求，思政教育对大学生以后的发展起到引导的作用。

现阶段高校思政教育的内容过于复杂，使大学生对所学内容无法理解，更不懂该如何应用。这样不仅没有学习效果，也会影响大学生的身心健康。因此，提高大学生对思想政

治教育的兴趣，是特别重要的。

二、影响高校思政教育的因素分析

影响高校思政教育的因素大体分为两个：

外部影响：身心发展尚未健全，思想观念尚未成熟的大学生，极易形成对社会的错误认识，例如违反校规校纪、违反道德准则甚至违法犯罪等行为对大学生的负面影响。如果不及时对大学生进行正确的思想教育，对大学生以后的生活会有很大的负面影响。

内部影响：尽管国家十分重视大学生的思想教育，高校也在不断地加大对这方面的投入，但个别高校存在着轻视思政教育的问题，导致思政教育工作的效果不尽如人意。

三、如何解决高校思政教育存在的问题

要解决现阶段高校思政教育存在的问题，让高校思政教育变得有实效、有成果，关键就在于让大学生对思政课产生兴趣，并且让大学生对自己充满信心。

高校思政教育课应该更加生动。例如，举办主题班会，让大学生积极参与，提高学习的积极性。通过更加生动的高校思政教育课，有效促进大学生树立正确的人生观、世界观、价值观。

高校思政教育应与时俱进，满足社会的需求。大学生只有知道社会需要什么样的人才，才能为之奋斗。

四、高校思政教育工作方法

首先，高校要拓宽教学平台，丰富教学形式。高校作为开展思政教育工作的重要阵地，其良好的校园文化不仅影响大学生的思维方式，也对其价值观念产生影响。因此，各个高校应加强校园文化建设，尤其要将思政教育加入到校园文化建设当中。当今社会网络飞速发展，特别是新媒体的推进，为高校思政教育提供了新的发展模式。新媒体因自身的优越性受到广大师生的喜爱，成为大学生交流信息的重要方式。高校应充分运用新媒体的优势为高校思政教育工作提供新的平台，充分调动大学生的积极性。当然，高校应建立严格的网络管理制度规范，加强与大学生的互动交流，推动网络思政教育的良好发展。

其次，高校应积极组织进行多样性的思政活动。思政教育在一定程度上具有抽象性的特点，只有借助于其他载体才能更好地被大学生所理解。所以，高校要改变教学模式，进行教学方式的革新，这样思政课堂才能变得生动易懂，大学生学习的积极性和效率也会大幅提高。可以举行研讨会、学术会、座谈会等方面的思政活动，邀请专业人士分享他们的经验，为大学生提供有益的指导。另外，为了达到教育的目的，也要积极开展与思政相关的活动，让大学生能够更好地理解思想政治中的观念。

最后，高校在开展思政工作时，要牢固树立理论联系实际的观念。大学生关心的热点问题，在思想政治工作中要及时跟进，当下解决不了的问题，要及时解释清楚。不能搞形式主义，要以大学生为出发点，将大学生的发展与社会发展相结合，不断改进思政教育工作方法。

第三节　高校思政教育的生活化、系统化、现代化

高校是思政教育的重要载体。根据当前高校教学的现状以及思政教育工作特点，高校思政教育工作开始走生活化、系统化、现代化的发展道路。将大学生思政教育工作贯穿于课堂教学、学校管理、文化建设、社会实践等各个环节，确保能够从教育内容、教育方法等方面实现全程育人、全员育人、全方位育人。高校展开"三化"实践活动更是要求高校能够不断探索，总结经验，开创我国高校思政教育事业发展的新局面。

一、高校思政教育的"三化"内涵和特征

高校思政教育的生活化。当前高校思政教育工作的"生活化"改变了传统意义上的理论课程讲授，继承了马克思主义唯物辩证法，融合了人本主义心理学和认识发展理论，这将使思政教育更加合理地指导大学生的社会实践活动，更加有力地提升大学生综合素质，更加全面地促进大学生健康发展。高校思政教育的生活化，要求教师在思政课上能够通过实际的生活案例展开对知识的讲解，并且引导大学生正确地使用理论知识去解读社会的各种现象。通过生活化的教学方式，让思政教育内容不再被束之高阁，而是落实到大学生的实际生活中，成为引导大学生积极生活的指路明灯，从而实现全程育人目标。

高校思政教育的系统化。高校思政教育工作是一项综合性工作，其开展涉及大学生、教师和教育教学的各个环节。因此需要全员参与、全方位覆盖，并且在高校思政教育的各个环节中相互影响和相互制约。然而，当前因为部分高校缺少对思政教育课程的综合性统筹、系统化规划，导致大学生对思政教育的理解停留在表面，使理论和实践"脱轨"。仍有部分教师认为思政教育是哲学社会科学的思考范畴，导致思政教育未发挥对其他课堂教学和思想文化阵地的育人功能。

高校思政教育的现代化。教育是社会进步发展的强有力保障，当社会现代化进程进一步加快，教育朝着现代化的方向发展也随之加快。这就要求思政教育内容能够与时俱进，顺应时代的变化而对教学内容进行调整；思政教育能够借助现代信息技术，以创建更好的教学环境，采用更加先进的教学模式，提高课堂教学的质量。课堂教学模式要从传统的单一化的教学主体模式转变为当前的双主体教学模式；发挥大学生在思政教育中的主体性地位，激发其积极性和创造性。

二、高校思政教育的"三化"路径及其实践探索

（一）高校思政教育生活化的实现路径及实践探索

1.教学内容、教学手段与大学生生活实际相结合。

实现思政教育生活化发展要求，以大学生生活实际为基础，尽可能地从大学生生活中挖掘物质、精神、课程等教育载体，将思政教育内容融入其中。这样既可以不断拉近大学生同思政教育理论之间的距离，还能大大加深大学生对于思政教育内容的认知感，同时还能够增强思政教育的实效性和针对性。在传统的高校思政教育工作中，教师大多采用的是单纯讲解的方式，这种教学方式较为枯燥，使大学生的注意力容易分散，学习兴趣会有所下降。因此教师要能够借助生活化的教学手段，激发大学生学习的自主性，最大限度地发挥教师在大学生思政教育引领作用。

2.教学过程与大学生社会实践相结合。

马克思主义认为，实践是人们不断改造自然、改造社会的有意识的活动。把思政教育贯穿于社会实践中，从"价值引领、党团和班级建设、学风建设、大学生日常事务管理、心理健康教育与咨询工作、网络文化建设、校园危机事件应对、职业规划与就业创业指导"等方面入手，对大学生思想意识产生潜移默化的影响。

（二）高校思政教育系统化的实现路径及实践探索

1.实现教育内容的系统化。

高校思政教育包括政治法律教育、思想道德教育、心理健康教育、形势政策教育、职业规划教育等多方面内容。因此，要求高校以"课程思政"为目标，优化课程设置，修订专业教材，完善教学设计，加强教学管理，挖掘各门课程所蕴含的思政教育元素，充分发挥各门课程所承载的思政教育作用，进而融入课堂教学各环节，实现思政教育与知识体系教育的有机统一。

2.实现教育方法的系统化。

要求高校能够统筹各类教育方法，根据大学生阶段性特点以及教育内容特点，采用不同的教育方法。在新的时代背景下，可以实现层次化教学，充分调动大学生的主体性、积极性和创造性，如在进行校园文化建设中，将所有的工作设计为"学校设计为先，二级学院为主，专业教师为重，大学生行为为本"四个梯度。各个主体分类推进，发挥主体性，使得思政教育效果有序提升。系统化教学不仅包括理论知识系统化，还包括教学计划的系统化和规范化。因此，教师要设计系统化的教学计划，能够真正地让大学生感知到思政教育的必要性，从思政教育课中汲取前进的力量。

3.实现教育过程的系统化。

恩格斯指出："世界表现为一个统一的体系，即一个有联系的整体，这是显而易见的。"因此，高校思政教育要遵循思想政治工作规律，遵循教书育人规律，遵循大学生成长规律，

让大学生课堂教学、学校管理、文化建设、社会实践的各个环节都能够相互联系，相互影响，从而实现全程育人目标。

（三）高校思政教育现代化的实现路径及实践探索

1. 要求能够实现高校思想政治话语系统的创新。

在多元文化发展背景下，高校思政教育工作必须改变陈旧观念，创新教育模式，确保思政教育的主导地位的同时，不断地满足新时期大学生成长所需要的各种精神文化需求。

2. 要求能够创新教育载体。

传统的思政教育主要载体在课本上，但随着网络时代的到来，高校思政教育的载体主要在网络平台上。因此要求高校在教育工作中能够将网络纳入监管范畴，强化对大学生网络意识形态的监督管理，如"学习强国"App 正是思政教育的新媒体发展的表现，通过将现代高校思政教育活动中融入新媒体，大大提高大学生在社会中的话语权以及参与度。

3. 要求能够优化教育队伍。

一支高素质的思政教育团队是促进思政教育向现代化转型的重要组成部分。因此，高校应该积极投入人力、物力和财力，建立现代化的教育队伍，构建有效的工作体系和工作机制，从而实现高校思政教育的"规范化、精细化、精准化"，有效促进思政教育工作现代化的实现。

综上所述，高校思政教育的"三化"发展理论是新时期高校培养人才的创新模式之一，能够重新定位思政教育在高校教育教学活动中的地位和作用，能够实现对教学活动的整体改革，发挥思想政治育人功能。"三化"发展理论是培养符合时代发展要求的人才的重要理论基础。新时代要求全体思政教育工作者能够对症下药，根据生活化、系统化和现代化的不同特征，加强对大学生思政教育的重视程度，在高校思政教育工作中实现"三化"，最终实现"三全育人"。

第四节 网络环境下高校思政教育

随着我国互联网的快速发展，网络已经成为人们日常生活中必不可少的一部分。在校大学生是网络的最大群体。大学生是国家未来的栋梁，是为国家发展做贡献的生力军，高校如果在大学生思政教育上没有狠下功夫，后果将不堪设想。网络给高校的思想政治工作带来了极大便利，但是同时也带来了一些问题。通过网络学习可以让教师的教学效果更为显著，同时大学生也乐于接受新鲜的教学媒介。但是，网络环境庞大且复杂，如果教师对大学生的思政教育不到位，大学生很容易走上歧途。因此，教师只有通过提高对网络环境下思政教育的认识，才能够让大学生更好地利用网络来提升自己。

近些年来，网络技术发展迅速，给大学生带来了很大的便捷和帮助，但是也给高校的思政教育工作带来了巨大的挑战。网络教学带来的机遇就是教师可以通过对网络的综合应用，结合思想政治教材的教学内容，对教学过程中出现的问题进行归纳总结，改进教学方法，实现教学内容和教学形式的突破。而网络技术带来的挑战则是网络信息十分庞杂，大学生难以对网络中的信息进行有效筛选，不能辨别哪些是有益的信息，哪些是有害的信息，不良信息对大学生的身心健康产生严重的负面影响。但是网络世界也拥有庞大的有益的资源，如果高校辅导员能够加强对大学生的思想教育工作，就可以让大学生纠正错误的观念和认识，有利于大学生思政教育工作持续健康发展。

一、网络发展对高校思政教育工作的影响

网络是把双刃剑，如果能够将网络积极正面的作用发挥出来，网络就会成为教师教学的好工具，成为大学生学习的好帮手。但是如今网络在大学生中的使用率越来越高，大学生通过网络接触到许多的不良信息。这些不良信息影响大学生的身心健康，所以教师在思政教育过程中要加强与网络内容的结合，在教学过程中教师要引导大学生正确辨别网络世界中有益的内容和有害的内容，引导大学生将有害的内容过滤，以免毒害大学生的心灵。教师要将网络与高校的思政教育工作有效地结合起来，促进大学生形成正确的世界观、价值观和人生观。网络教学与思政教育工作的结合，是一个相辅相成的过程。它能够促进教师教学模式的转变，可以让思政教育更加贴近大学生的日常生活，扩大网络平台在大学生生活中的应用，也能够活跃课堂气氛，让大学生更加容易地接受教师的思政教育。

二、网络环境下教师开展大学生思政教育工作的措施

（一）提高大学生的思想意识，提倡健康上网

现在互联网技术正处于高速发展时期，网络已经进入大学生学习生活的方方面面。目前互联网上的资源和内容十分丰富，教师应该紧跟随时代发展的潮流，及时从网络上获取最新的思政教育资料，让思政教育能够紧跟时代的步伐，让大学生的思想政治意识始终保持在一个较高的水平。教师可以给大学生观看网络传播的热点事件国家大事，让大学生在观看过程中有自己的理解，从而武装自己的思想。网络资源庞大而丰富，如果大学生具有良好的意识和观念，就可以在网络中学习到许多有用的知识。教师应促使大学生通过网络来加强对时事政治的了解和认识，查阅对学习有帮助的资料。并且教师应该利用网络提升大学生的自控能力和自我约束能力。大学生需要进行自我监督和同学之间的互相监督，来规范自己的上网行为，利用自身良好的控制力和意志力来抵御网络上的不良信息，将上网的时间控制在合理的范围之内。

（二）利用网络新媒体开展思政教育

目前，大学生在网络浪潮的冲击下，对传统的思政教育工作的接受度普遍下降，而对

新媒体的思政教育工作接受程度比较高。所以，利用新兴网络媒体以及新媒体来开展思政教育工作迫在眉睫。利用网络来进行思政教育是现代化技术手段与传统思政教育结合的产物，能够使思政教育工作更加高效和便捷。教师在进行思政教育教学时，要积极利用多媒体进行课程教学，多利用图片以及视频音频来提高大学生对思想政治课兴趣。教师要借助网络平台，根据大学生的具体情况以及学习特性，对大学生有针对性地进行教学，对思想政治教材的精髓进行重点讲解，使大学生不仅能够听进去，还能够吃透思政教学内容。然而部分教师对新媒体教学的运用不足，没有意识到当下运用新媒体的重要性，不能满足时代发展下对思想政治教育教学的新要求。所以高校思政教育工作者应该主动学习新媒体的使用技术，充分发挥新媒体在高校思政教育中的作用，让大学生能够更容易地接受政治思想教育工作。高校也应该适时开展对教师网络技术技能的培养，让教师能够学习更多的网络知识，这样才能够适应当今世界发展趋势，了解大学生的喜好，也就能够更好地利用网络开展思政教育工作。利用新媒体进行思想政治教育，不仅能够让大学生更加容易接受，还能够使思政教育的成果更加丰厚。

（三）加强监管，普及网络思政教育

目前我国法律在监管网络方面尚不完善，力度尚且不足。如果对网络上出现的不良内容不及时清除，那么大学生的思政教育将受到影响。因此高校必须成立专门的网络监管小组，加强对校园网络的监管力度。教师应该不定期地举办思政教育讲座，对大学生思想教育进行强化，提升大学生的政治意识。同时，高校教师应该坚守住思想政治的舆论高地，建设相应的网络道德体系，从而确保大学生在网络中思想道德素质也能够得到提高。

网络已经进入到每个人的生活中，高校教师应该在复杂的网络环境中寻找提高大学生思政教育的新方法和新途径。在保证传统的思政教育工作前提下，利用网络的便捷性和高效性，开展大学生的思政教育工作。网络思政教育是先进技术与思想政治教学相结合的产物，是思政教育工作信息化发展的具体体现。通过网络教育来进行大学生的思想教育工作，能够让教师的教学理念、教学方法、教学内容得到质的提升，对于思政教育工作的优化以及更新产生积极的影响。只有维护网络世界的净化，才能够使大学生树立正确的世界观、人生观、价值观，具有正确的政治观念，让大学生的思想觉悟得到提升。

第二章 高校就业教育的发展及现状

第一节 当代大学生就业教育分析

本节以当代大学生就业存在的问题为切入点，重点探讨高校就业教育的发展方向，针对如何解决现存问题进行思考，力求对指导解决大学生就业难的问题有所启示。

一、当代大学生就业存在的问题

（一）心理承受能力不强

大学生对社会了解不够深刻，长时间在家长与教师的保护下极少受到挫折，而就业是一个激烈的竞争过程，如果大学生在就业过程中不能正视自己的能力，则很容易受到挫折。大学生心理承受能力较差是影响就业教育开展的主要原因，教师开展就业教育首先要解决这一问题。大学生如果不能正视自己的能力，则在就业过程中可能会不断受到挫折。高校开展的就业教育正是为了帮助大学生正视自己的能力，提高心理承受能力。

（二）个人定位过高

大学生既缺乏社会实践经验，又不甘心从基层做起，导致求职阶段屡屡受挫，很难找到适合自己的工作。大学生对个人定位过高，错误估计自己的能力，在就业指导课程学习中态度不积极，这些错误的自我评估会影响到求职就业定位。因此，就业教育不仅在理论层面上要达到这一标准，更应该从多个角度进行研究，引导学生正确认识社会各个工作岗位，这样进入到求职就业阶段才能更精准地实现专业与岗位之间的对接。

（三）责任意识不强

大学生认为自主择业完全是根据自己的兴趣，一旦对岗位失去兴趣便会离职。但是，无论从事任何岗位都需要经验积累，用人单位会对新入职的工作人员进行培训，熟练掌握后才能独立工作。而大学毕业生流动性大，通常用人单位将人才培养成熟后会出现跳槽现象，这种责任意识淡薄导致很多用人单位对大学生的评价不高，这也是造大学生就业困难的主要因素之一。

面对种种困难与社会竞争环境，高校就业教育教师要认清现状，努力提升个人能力，为大学生营造出更高效的专业技能提升环境，提升高校毕业生就业率。

二、高校就业教育主要发展方向

（一）就业教育向责任意识树立层面发展

就业教育教师应在就业课程中培养大学生的责任意识，使其能够正确认识各个行业，鼓励大学生从基层岗位做起，提升职场竞争能力。在教学安排上应逐渐增加实践内容，使大学生在学习中能够正确认识自我能力，在未来就业中遇到挫折也能勇敢面对，提升个人能力实现职业发展计划。大学生日常学习中所遇到的问题均能得到引导解决，师生共同努力营造出健康的心理成长环境，大学生在健康的环境下学习专业技能，其可应用性会有明显提升，这一点符合社会对高素质人员的需求标准。

（二）就业教育向心理辅导教育层面发展

在就业教育开展过程中，教师针对大学生心理健康程度作出评估，深入了解大学生的心理变化。这样在教学中能够尊重大学生个体差异，帮助大学生挖掘自己的长处并正确认识缺点，在校学习期间大学生也有了明确的努力方向。在教学中引入真实案例，使大学生了解就业的困难程度，这样遇到问题后更有心理准备，避免他们受到挫折后引发心理问题。心理辅导需要持续进行，对大学生不同学习、实习时期可能会遇到的问题进行了解，制定预防措施；在必要时对大学生进行心理干预，使大学生顺利渡过就业阶段。

（三）就业教育向敬业责任意识培养层面发展

各行各业发展都需要高素质人才支持，敬业责任素质是衡量人才水平的参照因素之一。高校所开展的高校就业教育，会重点向这一层面发展，培养大学生岗位责任意识与敬业精神。无论是基层岗位还是管理岗位，爱岗敬业都是提升个人能力水平的基石，日常教学中培养大学生这一精神，才能改变应届毕业生在用人单位的消极印象，毕业生的职业选择方向也更开阔。

综上所述，高校就业教育应该从大一开始密切关注就业形势政策变化，帮助学生清楚自己处在什么样的位置，根据就业形势和自我需要及时调整自己的就业观念和职业目标。大学生能够切实有效地提高自身的专业素养，注重在学习和实践的过程中不断总结与提高自身的能力和综合素质，树立将国家需要与个人发展相结合的就业观，树立自主创业和终身学习的观念，为社会发展贡献更大的力量，从而实现个人价值。

第二节　毕业生"就业难"的原因及对策

　　"就业难"是我国大学毕业生面临的重大问题。其原因在于：一是结构性就业矛盾突出。在我国高等教育大众化的背景下，一方面，高校办学规模和招生人数不断增长，毕业生数量庞大；对人才市场的需求而言，人才供给数量大，且呈现逐年增长趋势。另一方面，我国经济结构转型升级，市场人才需求结构发生变化，而高校专业调整则需要一个较长的过程。二是部分大学生的综合素质和就业能力还有一些突出的问题，制约了其就业质量和就业率。从这个角度讲，高校就业教育是解决我国高校毕业生就业难的重要举措。就业教育作为高等教育内容的重要组成部分，还应当承担"教育服务人"的责任。就业教育的人文性体现在服务人、重视人、尊重人、关心人、爱护人等方面。因此，从人文的视角审视高校就业教育是"教育服务人"的重要体现。

一、"就业难"的原因

　　在大学生"就业难"的背景下，高校对就业教育的重视程度越来越高，设立了高校就业指导中心等专门的就业指导与教育机构，并开设了《高校就业指导》《大学生职业生涯规划》等相关的课程，这些工作对促进高校就业起到了积极的作用。但从总体上看，存在的主要问题是重技能、轻人文素养，结果是大学生一次性就业率较高，但就业岗位与大学生的职业期望不匹配，大学生工作积极性不高，价值观偏离和有挫败感，影响了职业稳定性。主要表现在：第一，从教育理念上，技能性突出，人文性不强。近年来，教育部和有关教育主管部门非常重视高校就业问题，为引起高校的足够重视，有些部门向社会公布各高校"一次性就业率"，甚至将"一次性就业率"作为对该高校评估的重要指标。在这个"指标"的驱动下，各高校纷纷通过就业教育向大学生提供各种就业技能。也正是这个原因，就业教育中的技能性突出，但其人文性被掩盖。表现为大学生的职业价值观不符合社会发展的正方向，职业责任感不强，工作中自由散漫，得过且过，没有上进心，缺乏创新意识，缺乏吃苦耐劳精神等。第二，从教育内容上，单调性突出，思想性不够。当前，我国高校开设的就业教育内容多是包含职业资格证书辅导、面试及求职技巧、就业政策解读等零星的教育内容，缺乏对人文素养教育内容体系的规划与研究，没有形成系统的内容，思想性不强；并缺乏对大学生职业价值观的引导，无法回答大学生在求职与择业中的各种困惑，无法处理理想与现实的矛盾、职业前途与金钱的关系、职业道德与个人利益之间的矛盾等，没有及时关注大学生求职过程中因盲目、没有方向而带给自己的矛盾心理等。第三，从教育过程上，短期性突出，全程性不彻底。在大学四年制高校中，部分高校只在大四开设就业指导课程。这种教育过程的短期性对人文素养教育的效果不明显，而重要的是，在毕业前夕，大学生的价值观、职业观、综合素质等已经基本形成，短时间内让他们做出改变也很难。当前，大家公认将就业教育贯穿于大学生在校期间的全过程，这个"全程性"在部分高校没有得到实施。第四，从教育形式上，专门性突出，渗透性不足。尽管高校对就业教育已经有了很全面的认识，但仍然存在就业教育是高校就业指导中心的业务，与专业教师没有关系的思想；仍然存在只在"高校就业指导"等专门化的课程中承担就业教育任务，与大学生所学专业的专业教育没有关系等各种错误认识；致使就业教育没有很好地渗透在大学生专业教育中，也没有渗透在高校通识课程中。

二、解决"就业难"的主要办法

（一）突出就业教育的人文性内容

1. 端正的人生价值。人生价值是一个人价值观的重要体现，包含自我价值和社会价值，在就业教育中帮助大学生树立正确的人生价值。一是自我价值的实现是与企业、社会密不可分的，以职业生涯为载体，并建立在此基础之上。如果人不能融入企业、融入社会，就实现不了自身的价值。大学生要想实现自我价值，就必须全神贯注地工作，为岗位工作付出辛苦的劳动。二是社会价值的实现与自我价值的实现不矛盾，二者在很多时候属于同一个过程。在实现自我价值的同时，同样为社会做出贡献，自然就实现了一个人的社会价值。三是人生价值决定职业价值观。职业价值观是人生价值观在职业生涯中的体现，当一个大学生拥有积极向上的人生价值观时，他看问题的角度是适宜的，方向是正确的；思想和行动是代表正能量的，反映在工作中就是认真负责的职业态度、兢兢业业的职业精神、吃苦耐劳的奉献精神等。

2. 积极向上的职业态度。职业精神是一个人在工作中表现出的观念和态度。一个人的职业态度，对其职业选择的行为有所影响，观念正确、心态健全的人，对职业的选择较积极、慎重，做出正确选择的机会较大；相反，观念不正确、心态不健全的人，对职业的选择有轻忽草率等倾向。因此，正确的职业态度的养成乃是就业教育不容忽视的内容。一是职业教育帮助大学生认识自己，了解个人的智力、兴趣、态度和缺陷；二是就业教育帮助大学生了解未来的职业，端正工作态度；三是帮助大学生了解个人与职业的关系，找出个人能力和职业需要的差距，促进自我进步与发展。

3. 坚持不懈的创新精神。创新精神是一个国家和民族发展的不竭动力，也是一个现代人应该具备的素质。在高校就业教育中，要注重培养大学生的创新精神。例如，因不满足已有认识（掌握的事实、建立的理论、总结的方法），不断追求新知；因不满足现有的生活生产方式、方法、工具、材料、物品，而根据实际需要或新的情况，不断进行改革和革新；因不墨守成规（规则、方法、理论、说法、习惯），而敢于打破原有框框，探索新的规律、新的方法等。

4. 全面发展的自由精神。大学生要通过就业满足自己的个性发展和兴趣爱好，实现全面自由发展，而不是为了找到工作，压制自己的意愿，压抑自己的个性，在就业教育中要培养大学生的自由精神。大学生精神上的自由与职业生活密切相关，当大学生在职业生活中获得满足感、成就感时，大学生的精神是自由的，情绪是平稳的，具有工作积极性和上进心；反之，如果一个人在工作中被压抑了个性，没有满足感和成就感，其精神不自由，工作中会消极应付、得过且过。

5. 就业教育要体现人文关怀内容。在就业教育中体现人文关怀的内容是以人为本和主体性原则决定的。一方面，就业教育要突出教育为了人、服务人的根本目标，大学生在校期间对未来茫然，对自己的处境不清楚，也无法摆正自己的位置，这种无所适从的不安全感，要通过就业教育得到解决；另一方面，大学生无疑是就业教育的主体，其是否合理地表达自己的情感、需求，是否积极配合教育活动，是就业教育实效性的重要保障。只有在教育中体现人文关怀，才能激发大学生参与的积极性。

（二）突出就业教育全程性过程

就业教育要贯穿于大学生在校期间的每个阶段、全部过程，实现教育的全程化。其原因在于，就业教育中对大学生人文素养的培养是促使大学生思想和精神改变与提升的过程。这不是一朝一夕能完成的，需要一个长期的、慢慢培养的过程。

1. 就业教育要体现教育过程的连贯性

对大学生在校期间贯彻就业教育要坚持连贯性原则，体现在每个学期的每一个时间段，不能出现教育活动的中断。有的高校为了贯彻全程性，在大学一年级开始了几个就业教育讲座，在大学三年级开设了一场就业教育观摩会，在大学四年级开设了一门就业指导课程。从表面上，就业教育从大一开始到大四结束，但过程中有的学期，甚至有的学年是空白，这种间断性教育行为，不利于大学生人文素养的培养，教育效果会大打折扣。

2. 就业教育要体现教育过程的阶段性

阶段性是结合大学生在校期间不同阶段的任务和特点，开展相应的、适宜的就业教育。例如，大学一年级学生对职业不了解，所以应重点培养大学生通识性素养，如责任感、奉献意识等。大学二年级学生对自己的职业开始有初步规划，要增强就业价值观的教育、人的自由发展的思想等。大学三年级、大学四年级学生分别处在就业准备期和就业实践期，因此要突出就业教育中职业责任感、人文关怀等内容。

（三）突出就业教育的全方位形式

1. 就业教育与通识教育的融合

就业教育中的人文素养培养任务和通识教育的部分任务是一致的，要促进就业教育和通识教育的融合，借通识教育之力，提高就业教育质量。例如，大学生的哲学素养在就业教育和通识教育中都是非常重要的内容。在就业教育中关于大学生的价值观、职业观念和态度等，均是与大学生哲学素养休戚相关的，如果大学生在通识教育中能很好地掌握唯物主义思想和辩证法思想，其看问题、想事情的思维模式就是科学的。因此有利于其就业态度和就业观念的形成和培养。

2. 就业教育与专业教育的融合

专业教育和大学生将来要从事的职业密切相关，包含大学生相应的专业能力、职业道德等人文内容，这些也是就业教育的重要任务。将就业教育与专业教育融合，便于专业教师将职业能力、职业素养及企业文化的内容传递给大学生，有利于大学生职业能力的提升。

3. 就业教育与社会实践活动的融合

社会实践既是检验大学生人文素养的重要途径，也是提升大学生综合素质的另外一种方式。社会实践活动在各大高校已经形成了相对稳定的开展模式，是高校的常规教育形式，将就业教育中的人文素养教育融合在大学生社会实践活动中，必将提升就业教育的针对性和实效性。例如，很多高校都开展了大学生"三下乡"暑期生活实践活动。在活动中大学生走出校门，走进农村，从而更能深刻体会到社会的人文环境，了解社会文化，增强奉献社会的责任意识和奉献意识。

第三节　高校就业教育改革与实践

一、高校就业教育及其改革意义

（一）高校就业教育的内涵及特点

所谓就业，就是劳动者同生产资料相结合，从事有益于社会并以此获取报酬的劳动。高校就业教育，是指以培养大学生职业素质和就业能力，促进其顺利就业为目标，以大学生自身特点、意愿和社会职业的需要为依据，有组织有计划地指导大学生规划职业生涯、提升职业能力、正确择业就业创业，在工作中求进步求发展的教育实践和服务活动。高校就业教育具有三个特点：

第一，教育对象的层次高、专业性强。高校就业教育的对象是正在接受高等教育的专科生、本科生、硕士生和博士生，较之其他就业教育对象学历层次要高些，就业教育具有较高的要求。在校大学生大都在进行一个或者两个专业（专业方向）的学习，就业教育必须结合其所学专业进行。

第二，教育要求的强制性和全程性。2007 年，教育部办公厅印发的《大学生职业发展与就业指导课程教学要求》中明确指出："从 2008 年起提倡所有普通高校开设职业发展与就业指导课程，并作为公共课纳入教学计划，贯穿学生从入学到毕业的整个培养过程。"教育部要求将就业指导纳入教学计划作为公共必修课贯穿大学全过程，实行学分制，以就业指导学习成绩作为毕业的必要条件。这与社会其他人群的就业指导相比，其强制性、全程性显而易见。

第三，教育内容的全面性和阶段性。高校就业教育的内容非常丰富：一是涵盖就业意识、择业观、从业观、职业道德等思想道德教育；二是职业生涯的规划指导；三是获取就业机会、保持工作和做好工作的就业力培养；四是就业形势政策和法规的认知。这些内容在大学一般分为四个阶段进行教育：第一阶段（大学 1 ~ 2 学期）重点进行专业教育和职业生涯规划，强化职业意识，帮助大学生完成从基础教育向职业教育转变。第二阶段（3 ~ 6 学期）重点进行提升就业力的教育。第三阶段择业、就业和创业准备。第四阶段重点进行就业形势、政策法规教育和推销自我能力的培养与训练。

（二）高校就业教育改革的意义

高校就业教育改革就是要对旧的高校就业教育中不合理的部分进行改良和革新，其意义主要体现在以下三个方面：

第一，高校就业教育改革是党和国家实施民生工程的客观要求。高校就业牵动千家万户。党的十七大报告指出：就业是民生之本，做好高校毕业生的就业工作是"加快推进以改善民生为重点的社会建设的具体体现，是构建社会主义和谐社会的重要内容，是建设人力资源强国和建设创新型国家的必然要求。"国务院办公厅先后两次下发了《关于加强普通高等学校毕业生就业工作的通知》《关于进一步加强普通高等学校毕业生就业工作的通知》，为做好高校就业工作出台了一系列政策。教育部办公厅印发的《大学生职业发展与就业指导课程教学要求》明确提出："改进教学内容和方法。教学内容应力求实践性、科学性和系统性，突出强调理论联系实际，切实增强针对性，注重实效。要在遵循课程体系和课堂教学规律的前提下，引入多种教学方法，有效激发大学生学习的主动性和参与性，提高教学效果。"这些文件为高校就业教育改革指明了方向，因此加强和改进高校就业教育是做好高校就业工作的重要环节。

第二，高校就业教育改革是解决高校就业及其教育现存问题的需要。高校就业面临两个问题：一是高校就业形势十分严峻。2001 年我国高校教育规模跃居世界第一，普通高等教育在学人数位居世界第一。高校就业人数进入高峰，毕业生人数从 2001 年的 114 万人增加到 2020 年的近 900 万人。以经济增长 7% 计算，每年新增加的工作岗位只有 800 万个，农村还有 1.5 亿富余劳动力需要就业，就业市场供大于求。同时，高校专业设置与社会需求不匹配的结构性矛盾突出，导致有些毕业生找不到工作，而有的单位又找不到所需要的毕业生。由于就业教育的问题导致大学生职业规划欠缺，择业观念和能力素质不适应社会需求，因此出现就业难问题。二是高校就业教育缺乏科学性和有效性。就业教育内容不系统，针对性不强；就业教育形式单一，吸引力不够；就业教育师资数量少，专业化程度低，教育质量不高。要解决上述问题，迫切需要加强和改进高校就业教育。

第三，高校就业教育改革是提高就业率和就业质量的需要。高校就业率和就业质量与高校就业教育改革相关。其相关性体现在三个方面：一是提高高校就业教育内容的针对性和系统性，有利于大学生的成长成才。首先，要引导大学生科学规划职业生涯，帮助他们正确审视自我和社会需求，坚持择世所需、择己所长、择己所爱、择己所利的原则进行职业定向、定位和定点，并根据学业和职业目标制定实施策略，有利于激发其学习内动力，提高学习效率。其次，对大学生进行提升职业能力的指导，有利于构建与职业目标相匹配的智能结构，适应未来职业的需要。再次，对大学生进行择业就业指导，帮助他们树立正确的人生观、价值观、择业观和从业观，正确认识形势、政策和法规，掌握推销自我的方法和技巧，有利于大学生顺利就业。同时，对大学生进行创业指导，帮助他们进行创业准备和实践，有利于以创业带动就业。二是改进高校就业教育形式，寓理于事，寓教于乐，就会收到事半功倍的效果。三是加强就业教育师资队伍建设，建设一支专业化高素质的职业指导队伍，对于提高就业教育的质量，培养受社会欢迎的大学生具有积极意义。

二、高校就业教育改革的思路

（一）就业教育改革的指导思想

高校就业教育改革要以社会主义核心价值体系和教育部办公厅印发的《大学生职业发展与就业指导课程教学要求》为指导，以解决高校就业教育内容缺乏针对性和系统性、教育形式缺乏多样性和生动性、教育保障缺乏力度，教育质量缺乏高度为突破口。创新教育教学模式和运行机制，努力实现理论教学精品化、实践教学多样化、教学手段现代化、理论实践一体化，明显改善高校就业教育的现状，把高校就业指导建设成大学生真心喜欢、终身受益、毕生难忘的课程。

（二）就业教育改革的原则

高校就业教育改革要坚持七个原则：第一，坚持全程与阶段性指导相结合原则。高校就业教育既要贯穿大学教育的全过程，又要根据不同年级大学生的特点和需求制定和实施阶段性的就业教育计划。第二，理论与实践相结合原则。要把就业创业理论的传授和实践教学结合起来，形成理论与实践教育教学一体化。第三，知能结合原则。高校就业教育既要进行知识传授，又要进行专业技能和推销自我的能力训练。第四，共性与个性结合原则。高校就业教育既要针对全体大学生应知应会的共性问题安排教学内容，又要针对不同层次、不同职业倾向、不同需求的大学生开展个性化的就业团体咨询和个体咨询。第五，网上与网下教育相结合原则。高校就业教育既要开设网上课堂，让大学生充分利用网上优质教学资源进行学习，又要开设网下课堂，师生面对面地进行互动式教学和开展活动。第六，学校与社会联动育人原则。高校就业教育既要充分利用学校党政学团联动育人，还要充分利用企业家、职业指导名师、杰出校友的智慧和经验指导学生就业创业。第七，知行合一的考核原则。就业教育课程不仅要考核理论学习情况，还要考核实际表现。

第四节　全程化与人本理念下的高校就业教育

一、基于全程化的高校就业教育

高校大学生"就业难"是一个长期的突出问题，尽管高校将大学生的就业教育放在突出位置，但从目前看，全程化的高校就业教育体系远没有建立，教育效果有待提高。因此，笔者通过分析全程化高校就业教育的内涵及意义，并从高校和大学生两方面探析全程化高校就业教育存在的问题，重点从就业教育的规范化管理、全程化的教育内容安排、全程并分阶段的教育过程、建立全程化的高校就业教育服务咨询体系等四个方面讨论对策。

高校就业教育是以实现大学生高质量就业为目标，以提高大学生的职业能力和职业素养为根本任务的教育活动。全程化贯彻高校就业教育是当前高校就业教育的新理念、新做法，它将就业教育贯彻于大学生从入学到毕业的整个过程，覆盖从专业教育到通识教育的各个方面。最终服务于大学生的健康成长和良好的职业发展。

（一）全程化高校就业教育的内涵及意义

1.高校就业教育全程化的内涵

高校就业教育全程化有两层含义：一是时间维度，将高校就业教育全程贯穿于大学生在校期间；二是内容维度，将高校就业教育覆盖大学生在校期间的全部课程。高校就业教育全程化突出以下三个特点：

全程性，从大一新生入学教育开始，一直持续到毕业，并且根据大学生在校期间的不同阶段对就业的不同认识，开展相应的就业教育活动。以大学本科四年在校为例，有的高校将大学一年级定为就业探索期，将二年级定为就业规划期，三年级、四年级分别为就业准备期和就业实践期。四个阶段教学内容和教学形式不尽相同，但各阶段呈现从理论到实践、从知识到能力的递增关系，环环相扣，系统性和功能性突出。

全局性，即高校就业教育不仅局限于就业指导课程等专门课程，还应该贯穿于专业教育、通识教育及大学生社团活动中。高校就业教育根本目的是培养大学生的就业能力，即获得工作和保持工作的能力。在校大学生的就业能力包括就业形势分析能力、择业能力、专业能力、人际交往能力、创新精神和学习能力等，这些能力的教育仅靠就业指导课程是无法完成的，覆盖高校教育的各方面、各内容、各形式的全局性教育是必要的。

时效性。一方面，时效性是指高校就业教育要紧密结合大学生的身心发展和认识水平，适时进行相关内容的教育。例如，在大学新生入校之际，很多人认为这个时期大学生没必要进行就业教育，其实这个时期大学生的角色还没有完全转化，对职业的认识还比较模糊，这正是传授职业理论、培养大学生职业意识的最好时期，这个时期的就业教育有利于大学生尽快形成正确的就业观念，树立就业信心，能迅速制定自己的职业生涯规划，为高质量的就业打下良好的基础。另一方面，高校就业教育的时效性还应该紧密结合经济社会的发展状况，密切关注市场上人才的需求状况，适时做出教育内容和方式的调整，以增强教育的针对性，有利于大学生正确把握就业形势。

2. 高校就业教育全程化的意义

有利于大学生明确学习目的，增强学习的自觉性。我们常说，大学生学习目的是提高自身综合素质，促进自身发展，但综合素质是个很大的范畴，在浩如烟海的知识中，如何让大学生自己有选择地学习，并使学习的内容和方式更有针对性地服务于自身职业发展，这是高校就业教育全程化的重要方面。换句话说，职业教育对大学生在校期间的不同阶段，适时给予方向性指导，让学生更加明确在这个阶段的学习任务、学习目的，并逐渐建立起学习动力机制，不断增强学习自觉性。

有利于大学生顺利就业，实现职业理想。全程化高校就业教育可以帮助大学生更加明确自己的职业理想，并科学规划自己的职业生涯。职业理想的确定以及职业生涯的规划是一个复杂的过程，自己的兴趣与爱好、自身知识和能力基础、专业和学科背景、社会发展状况等四个方面是主要的考量指标，在综合考量这些因素的前提下，才能制定适合这个大学生自身需要和社会发展需要的职业生涯规划。因此，大学生只要沿着就业教育给自己设定的路线，顺利就业并实现职业理想应是顺理成章的。

有利于大学生更快融入社会，实现自身社会化。社会化是指一个人从个体人向社会人转变的过程，在这个过程中，个体人能否不断适应社会的规则、变化、人际交往等，是衡量一个人个体化程度的重要标志。而且社会化是一个相对复杂的过程，既有对社会分工的适应，也有对社会关系、社会文化的适应等。尽管现代大学与社会的关系越来越紧密，但个体化仍占相当大的成分。从一个相对封闭的"大学生"向一个承担社会责任、适应社会生活的"社会人"转变，是一个系统的过程。全程化高校就业教育在大学生活与职业、社会之间不断寻求契合点，并不断促进二者的转化，促进了大学生对社会的认识，提高了大学生的社会适应能力，为大学生尽快融入社会，实现自身社会化提供诸多便利。

有利于高校提高毕业生就业率和就业质量。就业率和就业质量是衡量一个高校毕业生就业情况的重要指标，也是衡量一所高校人才培养质量的重要体现。在高校毕业生就业压力较大、高校之间竞争较激烈的背景下，各高校都非常重视毕业生就业情况。全程化高校就业教育将就业形势、就业政策、高校就业能力等各种因素融合起来，必将有利于高校毕业生的顺利就业，同时为高校在社会上赢得了荣誉和地位。

（二）全程化高校就业教育存在的问题分析

1. 全程化贯彻不彻底

（1）时间维度缺乏连贯性。我国部分高校就业教育从大学三年级开始，覆盖三年级、四年级，共两年的时间。也有部分高校只在大学四年级开设，共一年的时间。很显然没有贯穿于大学四年中，教育时间不足，教育效果受到影响。这种就业教育的安排，最大的影响是缺乏大学一年级、二年级对大学生角色重新定位的教育，缺乏对大学生自我认识的教育，也缺乏对职业的全程、科学规划，导致其在大学一二年级的学习目标性不强、主动性不够、自觉性不足。

（2）内容维度缺乏系统性。第一，有的高校将就业教育课程归属于通识教育课程，由思想政治教师或者大学生管理的教师担任教学任务，也有的将就业教育归属于高校的就业部门，并由就业部门安排行政人员兼课。这两种课程归属，都没有很好地将就业教育与专业教育结合，忽视专业的就业教育只具有通识性，缺乏专业针对性。第二，大部分高校还没有开设专门的就业教育教研室，或者建立就业教育的教学团队，课程多由其他科目教师或者行政人员兼课，师资力量稳定性差，对学科缺乏系统的研究，不利于学科发展，也必将影响就业教育的教学效果。第三，就业教育课程不能兼顾理论和实践，多数是重理论、轻实践，这样的教学模式是纯理论层面的，大学生的实践能力得不到培养，职业能力无法转化为现实的岗位表现，职业稳定性受到影响。

2. 大学生参与积极性不高

（1）对大学一年级开设就业教育课程不理解。在一些高校实行全程化高校就业教育，部分大学生却不理解全程化的意图，大学生对就业教育课程参与不积极、不主动，甚至有被动应付、逃课等情况。原因在于，大学生对于就业教育的全程化教育体系缺乏全面认识，大一阶段的就业教育是教育体系的一个重要节点，大学生的认识不够充分。

（2）对就业教育课程的重视不够。虽然大部分大学生都认识到就业教育的重要作用，但积极性不高，表现不够积极。其原因在于，当前高校的就业教育课程多定位于通识课程，且用选修方式开设，考核方式相对简单，要求低；教学模式以理论讲授为主，实践指导较少。这些落后的教学方式，让大学生对这门课程的学习失去了兴趣，甚至很多大学生在遇到就业困惑时，没有通过课程学习解决问题的思维方式，而是通过其他途径找到解决问题的办法。

（三）对策研究

1. 就业教育的规范化管理

就业教育有自己的理论体系，在西方国家已经形成了成熟的职业教育理论，其教育过程是一项系统工作。我国在理论研究和理论发展方面还有很多工作要做，为促进就业理论的发展，就业教育的规范化管理具有重要现实意义和理论意义。

（1）明确就业教育课程归属。当前，我国大多数高校都独立设置了高校就业指导中心，而且大部分的就业指导或者通识性就业教育课程都是由该部门的工作人员或者教师担任。要明确就业教育课程归属在该部门，并建设固定的教研室（或研究室），师资要相对稳定，方便任课教师在较稳定的环境中开展理论研究或者科研活动，促进全程化高校就业教育的理论发展。

（2）就业教育性质具有双重性。就业教育承担的任务不仅有一般的通识能力，还有专业能力，因此就业教育具有通识性和专业性双重属性，这也就决定了担任教学任务的不仅有通识课程教师，还要有熟悉相关专业企业与行业发展的专业教师。教学任务不仅有通识能力，还有与专业相关的专业知识技能和相关操作能力。

2. 全程化的教育内容安排

全程就业教育的主要任务是通过对高校就业相关理念、知识与能力等内容的教育，帮助大学生完成自我职业规划、自我职业设计、自我提升和顺利就业等任务，提升高校就业质量，促进大学生自身可持续发展。基于此，全程化就业教育内容要包含以下四个方面的调整：

（1）思想性要高。就业教育包含就业观念的教育，一个大学生的就业观反映了其世界观、人生观和价值观，也反映了一个人的职业道德和职业修养。在高校就业教育中要渗透高层次的思想教育，尤其是在"中国梦"的背景下，每个个体的人都是集体中的一分子，都是为实现"中国梦"的贡献者，也必将是受益者。要为实现中华民族伟大复兴的"中国梦"努力工作，积极贡献，以实现自身价值和社会价值。

（2）政策解读要权威。高校就业政策与社会的现实发展密切相关，也是帮助大学生明确就业方向，避免盲目性和随意性的重要信息。就业政策的种类相对复杂，有全国性政策、地区性政策，还有教育部、人力资源和社会保障部等相关部门制定的政策。担任就业教育的教师要及时跟进最新政策，给大学生最权威的政策解读，帮助大学生了解政策的变化，消除困惑，并使大学生纠正自己的片面认识和幻想。

（3）信息提供要尽量全。就业信息包括就业市场信息、毕业生信息等，是分析就业形势、搭建就业市场的需求方和人才供给方之间的桥梁和纽带，承担就业教育的教师或相关部门的工作人员提供的信息越全，供给和需求之间的沟通越密切，对促进高校就业率和就业质量的作用越大。就业教育相关教研室、院（系）等要组建专门的信息搜集队伍，并开拓信息发布平台，及时向大学生发布各类就业信息，以方便大学生做出科学的就业决策。

（4）就业技巧的指导要有普遍性和针对性。就业技巧有通识性的和专业性的，通识性的具有普遍性，适合不同专业的毕业生；而专业性的则针对性强，不同专业的就业技巧有差别。例如，就业礼仪、面试等都是普遍性的就业技巧；专业操作能力等就是针对性的技巧。在高校就业教育中，普遍性和针对性两种就业技巧都要传递给大学生，缺一不可。二者兼顾的就业技巧不仅能体现毕业生的综合素质，还能体现其专业素养。

3. 全程并分阶段的教育过程

高校就业教育的全程化是指就业教育要贯穿于大学生在校的全过程。大学生在校全过程中的就业教育活动要有系统的教育规划。在每个阶段，就业教育的教学任务和教学目标是不同的。例如，有的高校将高校就业教育分为就业探索期、就业定位期、就业实践期、就业分化期等四个阶段进行。

就业探索期主要在大学一年级，高校结合"思想道德修养与法律基础"课程中认识"大学生活，坚定理想信念"等内容，帮助大学生认识大学生活的特点与意义，认识本专业特点和就业前景，鼓励大学生结合自身情况、专业特点和社会需要等方面制定自己的职业生涯规划。大学二年级为就业定位期，立足专业课程和专业教育，侧重塑造和完善自己，为未来的职业生涯打下扎实合理的知识结构，并进一步验证、调整自己的职业规划。大学三年级为就业实践期。在这一时期大学生具备了一定的综合素养和专业基础知识与技能，职业规划基本制定好，并进入实施阶段。就业教育要增加社会实践类课程，指导大学生试探进入工作环境，认识工作过程。大学四年级是就业分化期，就业教育要求大学生应该将目标集中在各自的工作申请及成功就业上，并为毕业生提供各种就业信息、就业技巧等。

4.建立全程化的高校就业教育服务咨询体系

不同的大学生因自身的知识与能力、职业价值观和职业期望等不同，其对就业教育的理解和需求也不尽相同。因此，高校要建立全程化的高校就业教育服务咨询体系，跟踪解决大学生提出的问题、遇到的难题，帮助大学生顺利就业。

（1）建立就业教育咨询体系。在就业教育或就业指导部门开设专门的就业咨询工作室，有专业教师"坐诊"，解决大学生提出的各种就业问题。咨询分为集体咨询和个别咨询两种，如果大学生提出的问题集中在某个方面或者某个专业领域，咨询工作室可安排教师或者工作人员做集体咨询；如果大学生提出的问题分散，具有个别性，应以个别咨询为主。在日常执行中，这两种咨询方式要"双管齐下"，共同发挥作用。

（2）建立高校就业教育跟踪服务体系。高校及其相关部门要组织专门人员，深入到大学生实习、就业的单位，跟踪调查研究大学生的就业情况；并搜集各种用人单位反馈信息。以此作为第一手资料，研究高校就业教育的科学性，以便及时作出调整，促进高校就业教育质量不断提高。

二、基于人本理念的新时期高校就业教育

就业是民生之本，促进就业是安国之策。随着高校扩招、高等教育大众化，大学生的就业压力也与日俱增。针对大学生就业难的问题，我国相关部门制定了各种促进就业政策以促进大学生就业。坚持以人为本的就业理念，推进高校就业教育已势在必行。

（一）以人本理念完善高校就业教育内容

目前，中国的高等教育已经由"精英化教育"向"大众化教育"转型。新时期大学生面临巨大机遇，中国经济平稳增长。随着全球经济一体化进程的加快，产业结构进一步调整，技术融通加快，这些因素都吸纳了大量高校毕业生就业。而我国也建立了较为完善的高校就业教育指导体系，以有效指导大学生转变思想、看准机会、顺利就业。大学生作为社会的一个特殊群体，是社会的重要组成部分，也是国家发展的储备力量。为促进大学生顺利就业以及更好的发展，高校就业教育坚持以人本理念为出发点，以大学生发展为主旨，培养大学生选择、规划职业生涯的能力，提高大学生的思想和道德水平，指导大学生在择

业中的心理问题。

高校就业教育中的综合素质教育。大学生毕业走出校园适应社会，是在个体与社会环境的交互作用中，个人追求与社会环境维持和谐平衡关系的过程。近年来，部分高校通过合并实现了对教育资源的重组与改进，单一型学科被复合型学科代替，从而使高校毕业生的综合素质、社会适应能力得到进一步的提高。大学生的培养目标是培养出一批有文化、有知识、有技能的人才，更重要的是提高大学生的综合素质。国家在对大学生的就业教育中着眼于社会的发展，立足于大学生的现状，从大学生的自我认知开始，对大学生进行个性能力、价值观、世界观的培养、推动提高大学生的个人素质，帮助在校大学生了解社会，进而帮助大学生对就业和人生规划作出决策。在新时期的就业教育中，国家从和谐发展观入手，以大学生为中心，强调提高大学生的综合素质，使大学生正确、深刻地认识当今的社会，未雨绸缪，做好就业的各项准备，提高其对社会的适应能力，积极主动地融入社会，实现个人及对社会的价值。

高校就业教育中的心理教育。人人都渴望成功，渴望自身与社会充分和谐的发展，大学生应面对社会现实，正确进行自我剖析；把握自身优缺点及兴趣爱好；拥有良好心理素质是大学生适应社会必不可少的素质。所以，大学生必须从实际出发，正确认识客观现实，既不逃避现实也不空想。尽量将自身置身于社会中，与现实社会生活保持接触，主动面对社会的各项挑战，充分发挥主观能动性并妥善处理好自身与社会的关系。大学生在融入社会的过程中往往存在一些困扰，大学生可采取心理防御的措施，采取积极的生活态度，审时度势，从而更好地适应社会。人生活在社会中，不仅需要生理方面的满足，也需要友情、理解等心理上的满足，因此大学生也应保持身心健康，使心情轻松愉快，提高自己的社会适应力。

高校就业教育中的社会化教育。社会是人的社会，社会由人组成。大学阶段是每个大学生一生中的关键阶段，也是大学生成功转化为社会人的重要一步。大学生对社会的适应主要是社会角色的扮演，从而形成自我意识，实现个体社会化的过程。对社会的适应是大学生跨出校园后所要面对的第一关。大学生社会认知水平在一定程度上会导致大学生的认知偏见及情绪不稳定，在社会中产生角色冲突和自我意识的矛盾。适应能力强的大学生会顺势而变；而适应能力弱的大学生则会与社会、工作环境、人际关系格格不入。所以，国家要加强对大学生进行社会化的指导，使其更加适应社会。对于大学生而言，社会化不仅要求大学生具有基本的能力，而且要求大学生具有适应并符合社会发展的素质、技能和能力。新时期是个人与社会和谐发展的时期，大学生则更应该做到个人与师生和谐发展、个人与学校和谐发展、个人与社会和谐发展，使自己在走上就业岗位之后可以与社会和谐相处，扮演好自己的社会角色，成为成功的职场人。大学生处于职业生活的前夕，要精学专业知识，博览群书；掌握专业技能；熟知职业模式；掌握职业道德规范；了解所要从事工作的开展状况等。

高校就业教育中的职业化教育。职业生涯是生涯规划的重要部分，也是大学生生涯规划最困惑的一部分。大学生缺乏职业的实践锻炼，在面对毕业后的选择充满困惑。在进入社会之前，很多大学生不能客观全面地看待自己，对今后的职业生涯很难做出系统全面地分析。

"志不立，天下无可成之事。"大学生在制定生涯规划时，首先要确立职业志向，这是启动职业生涯规划的关键。正所谓没有目标，也就没有动力。大学生的职业成败很大程度上取决于有无正确适当的职业目标。只有树立了正确的职业目标，才有明确的奋斗方向。职业目标大致分为四个层次：第一层次是愿景目标，属于内心职业向往；第二层次是职业方向目标，即所想要达到的职位；第三层次是长期目标，即五至十年的目标；第四层次是行动目标，即短期内能实现的目标。目标的制定要由近及远，先达成近期目标后达成远期目标。其次要自我评估，包括对个人的兴趣、特长、性格、技能、职业价值观的分析，才能对自己的职业方向做出正确的选择，确定适合自己发展的职业生涯路径。最后了解职业内外部环境。分析职业外部环境、发展变化情况、环境所提供的有利和不利条件，这样才能在复杂的环境中趋利避害。职业内部环境则是对自己身心健康、教育背景、价值观进行分析，从而对自身做出正确的评价，找到与自身相匹配的工作。

（二）以人本理念创新高校就业教育管理模式

基于以上对当前大学生就育教育问题的分析，我们认为高校应当坚持以人为本、以学生为本的原则，创新高校就业教育及管理模式，具体做法如下：

建立健全保障体系。高等教育的核心在于人才培养，高校教育事业的顺利与否直接关系到大学生能否顺利就业，而后者又反作用于前者，因此二者相辅相成。高校应当将招生、人才培养和就业教育管理作为一盘棋，统一布局、立足长远，以社会客观需求与就业为导向。在专业建设过程中，应当注意强化和培养大学生的创新意识、创新能力，将知识传授与大学生的实践能力培养有机地结合在一起，从而提高大学生的市场就业竞争能力。从实践中可以看到，上述策略的实现必须要依靠一套健全完善的保障体系，因此只有建立健全高校毕业生就业教育管理体系才能促进大学生的就业。

完善教育管理机制，由高校专人负责，实行两级管理，以此动员全员参与。在当前的形势下，高校应当在建立健全就业教育管理体系的情况下进一步完善教育管理机制，实行高校一把手负责制和两级管理，通过多管齐下、全员参与的模式，提高毕业生就业教育质量。高校一把手在大学生的就业教育管理过程中，应当亲自抓、负总责，从而为高校毕业生的就业创造条件。同时，还要建立高校与院系两级管理机制，学校的工作重心在于整体推动与宏观调控，注重与行业、市场的有效衔接，从而搭建一个高效的就业平台；学校各院系的工作重点在于和具体的企事业单位保持沟通和联系，尤其要注意与专业需求相结合，对每一个毕业生进行就业推荐和指导。

整合校本资源，共建就业市场。在实践中，高校应当依托于地方政府，并在此基础上建立一个区域性的广泛就业平台，积极主动地与各级地方政府、人事管理部门联系，第一时间了解该地区的各类人才需求计划，吸引一些企事业单位来本校招聘人才。同时，高校还要依托主管部门，建立行业性就业平台，通过联合举办各种类型的专场供需见面会、座谈会、人才论坛等途径，促进资源共享。例如，师范类高校可组织和参加"高师就业联盟"，整合校本资源，实现优势互补、共建就业市场。此外，还要依托校友资源，建立一个人文性的就业平台。校友与学校之间具有学缘和亲情关系，通过与企事业单位开发这种潜在的资源，不仅可以满足校友回报母校的心愿，而且还可以开辟高校大学生就业新途径。

落实人本理念，强化正向引导。第一，工作状态积极主动。高校应当主动联系社会用人单位，主动服务大学生，了解大学生的就业心态与当前所存在的困难。第二，工作视野面向社会。高校应鼓励大学生走出校园，不能局限于本专业视野范围，鼓励大学生积极参加培训、应聘以及实习与创业。第三，工作全面统筹。高校应当将招生、人才培养以及就业纳入统一的管理体系，将办学与社会发展需求相对接，既要有亮点，又要统筹兼顾；既要"抓两头"，又要"抓中间"。第四，转变工作方式。高校在就业教育实践中应以引导服务为原则，不断提高工作人员思想认识水平，坚持以人为本的理念，为毕业生的就业做全面考虑。第五，高校要引导大学生理性就业。就业引导主要体现在思想观念上，应从大学生的自身实际出发，选择最适合的岗位，采取先就业、后择业；先上岗、后发展的模式，并引导和鼓励有条件的大学生自主创业，立足自身，理性看待就业问题。

第五节　国外高校就业教育的现状与发展

高等教育大众化导致我国高校招生规模日益扩大，毕业生数量剧增，然而就业市场的职位需求量增加数量不如高校毕业生数量，出现大学生"就业难"问题。在对我国高校就业教育存在的问题及其原因进行分析的基础上，对国外就业教育现状进行考察，分析其就业教育理念和实践案例，总结国外高校就业教育特点并与国内高校就业教育进行比较，并对我国高校就业教育提出建议，为解决我国高校大学生的就业问题提供参考。

一、国外高校就业教育的现状

在就业教育理念指导下，国外高校就业教育在教育方向、教育内容、资金支持等方面较成熟，并贯穿整个高等教育过程。

美国等西方国家在20世纪60年代将就业教育作为正式的教学计划贯穿于学校教育全过程。从新生入学开始，高校就开设就业指导课程，帮助大学生正确认识本专业和未来工作的联系；开设就业指导讲座，提高大学生面试技巧；开设心理辅导，及时解决大学生在择业和就业过程中的困惑。加拿大的就业教育机构由政府直属，经费充足，专业特色强；就业教育工作者专业化水平高，服务意识强；心理咨询师都具有相应专业的学科背景，能够有针对性地培养大学生的就业择业意识，为其进行职业选择和规划，提供求职信息。在德国，高校大学生就业由全社会共同负责，不仅为其提供实习基地，还负责大学生实习培训与评估。同时德国各大高校对大学生进行心理测试、心理咨询，引导大学生正确进行自我定位，确定职业理想和方向；并在各年级开设不同的就业教育课程，设置就业前实习课程，实习过程中进行阶段性谈话等，从而使大学生的就业理念与现实相适应，确定正确的就业目标。

二、国外高校就业教育发展特点

（一）早期细致地就业教育规划

国外的就业教育始自中学阶段，尤其是美国、加拿大、澳大利亚等国在小学、中学阶段即设置职业教育课程。学生毕业升学时，学校为其进行心理测验，使其了解自身兴趣爱好、性格特征和能力等情况，提供适合报考的学校和专业的意见。从大学生入学开始高校便对其进行生涯辅导，使大学生在学习过程中逐渐形成明确的生涯目标。第一年高校对大学生进行职业教育，使其了解当前就业市场需求。第二年高校引导大学生进行自我建设，使其充分认识自身优点、兴趣、个性；高校组织各种活动，为大学生提供充足的职业选择和能力培养机会。第三年高校介绍当前就业形势，鼓励大学生参加校内外招聘和实践活动，帮助大学生联系实习单位，使大学生对职业有更直观的感受和体会。毕业之际，为大学生提供求职信息，给予其细节指导和帮助，组织模拟面试等。有些国家在大学生找到工作后，继续提供就业指导服务和培训活动，以满足大学生变更职业和继续求职的个性化需求。

（二）专业的师资队伍和就业服务

国外高校就业教育人员普遍专业化程度很高，担任就业教育工作的主任一般具有辅导学、咨询学、教育学等硕士、博士学位；就业顾问一般具有心理学等相关专业硕、博士学位，且所有人必须持证上岗，岗位分工明确。根据大学生的人数规模配备专职或兼职人员，使每个毕业生都能得到一对一辅导。英国牛津大学招聘有就业教育专业训练经历的人才，专门对大学生进行就业指导和信息咨询，并邀请用人单位来校演讲和交流。大学生在学校信息平台上，可以通过网络搜索企业空缺职位、发送电子简历。更重要的是，其就业教育服务涵盖在校生、毕业生以及毕业4年之内的大学生，因此，就业服务具有专业性和长期性的特点。在美国，高校不仅有专业的就业教育师资团队，还有较完备的硬件设施。就业机构建立就业图书馆，将资料分门别类，向大学生开放阅览，且电视机、复印机、投影仪等设备一应俱全，以满足大学生的需求。

（三）公开的信息交流和协调的部门合作

信息的畅通是高校就业的首要环节。国外就业教育机构利用网络媒体和学校平台，将政府、企业、高校紧密联系，政策、信息的更新第一时间通过平台传达给大学生。美国、加拿大、澳大利亚等国家利用校友资源，通过网络发布独家招聘信息，为毕业生搭建职业交流和选择平台。日本很多高校设立就业部或就业科，专门负责对大学生的就业教育和咨询服务工作。有些国外高校将就业教育和心理教育等联合统一，进行阶梯式课程设置。这种协同合作能使就业教育更好地适应社会发展，真正达到就业教育目的。

三、国外就业教育对我国的启示

（一）转变就业教育观念，建设规范的就业教育体系

高校就业教育是以引导大学生获得全面发展、取得职业生涯及人生成功为目的的科学教育活动，其教育行为的开展必须以科学、先进的理念为指导。第一，高校避免因追求"高就业率"而忽视指导大学生进行职业生涯规划。"先就业，再择业"仅是缓解当前就业难的权宜之计，不是解决问题的所有办法。因此，而应针对学生特点"对症"指导。第二，高校要正确认识就业教育的重要性，以科学、规范、系统的教学模式开设就业教育课程。采用"发展性生涯辅导"的就业教育模式，完成高校就业的五个过程：准备过程、选择过程、实践过程、调整过程、实现过程。将这五个过程贯穿于大学一年级到大学四年级的就业教育中，分阶段、有意识地将就业教育内容渗透到大学生培养全过程。高校可在学生入学第一年，介绍本专业就业现状及前景，使其了解当前的社会需求和就业方向。在大学二年级和大学三年级，学生学习专业知识的同时，通过课外活动、社会实践、企业实习等途径，逐步增强对本专业全面、综合地了解，调整学习方向和择业角度，并在大四阶段针对自身综合素质，明确职业目标，实现成功就业。

（二）增强就业教育实效性，引导大学生自主创业

通过借鉴国外大学生主体性与创造性发展模式，把大学生职业生涯规划指导贯穿于教学中，有助于大学生个人活力的激发和能力的提升。高校通过创业教育，让大学生了解如何创业、创业应具备的条件和创业前景等。高校在日常教学管理中，逐步渗透、培养大学生创新精神，用成功的创业案例激发大学生创业欲望，同时也要让其清醒地认识可能遇到的困难和挫折，树立正确的创业观。与此同时，教师应向学生讲授创业知识和技能，鼓励大学生积极参加创新实践活动，从而掌握创业知识、提高创业能力、激发创业热情。这些方法使创业教育发展成为一个渐进的、不断完善的过程。当代大学生不应仅仅是择业者，更应是创业者。高校具备这种认识，能使大学生准确自我定位，自主选择社会角色，从而更好地规划自己的职业生涯，解决就业难题。

（三）提供就业教育支持，建立就业教育保障体系

在国外，政府出台各法律法规以保障和支持就业教育顺利实施，同时提供资金支持。就我国而言，就业教育起步较晚，相关政策和制度还不完善，需要政府更多的关注和支持。第一，保障高校就业教育工作的经费投入，为大学生开展就业实践提供必要的经费支持。

第二，鼓励校企合作。鼓励高校与企业建立实时平台，提供毕业生信息和企业需求信息，为大学生搭建就业桥梁。第三，转变就业教育机构的管理职能。高校就业教育主管机构应纳入学校的机构序列，逐步完成从"就业管理型"向"就业研究型"的转变。第四，培养专门的就业教育工作者。建立资格认证制度，定期考核和培训，使就业教育与时俱进，保证就业教育的专业化。

第三章　我国高校毕业生就业制度的思考

第一节　我国高校毕业生就业制度的产生及演变

高校毕业生就业制度作为高等教育体制的组成部分，必须与我国的生产力和经济体制、政治体制以及其他体制改革相适应，并随着各项体制改革的深化而不断深化。毕业生就业制度与生产力发展、经济政治体制以及其他各项体制之间的矛盾，是推动毕业生就业制度改革发展的基本因素。

一、我国高校毕业生就业制度的历史沿革

（一）"统分统配"的高校就业模式

我国高校大学毕业生分配就业工作始于 1950 年。当年全国共分配了 17 万余名大学毕业生，中央要求 90% ~ 95% 的高校大学毕业生服从统一分配。当时对毕业生不是采取强迫命令，而是通过组织动员工作说服多数毕业生服从国家分配。1951 年中央政务院在一份政令中明确了国家对大学毕业生实行统一分配的制度，并在第二年印发的《关于 1952 年暑假全国高等学校毕业生统筹分配工作的指示》中规定：由中央人事部制定全国高等学校毕业生科系人数调配表，各大行政区按计划调配。从此，高度集中的毕业生计划分配管理制度开始形成。这种制度与我国社会主义建设初期的生产力状况、经济政治体制相适应，有力地促进了我国社会主义经济建设和其他各项事业的发展。

在生产资料所有制的社会主义改造基本完成之后，我国建立了高度集中的计划经济体制，进入了社会主义建设新时期。由于生产力十分落后，高等教育规模相对较小，大学毕业生数量对各方面建设事业的需要来说远远不足，因此实行国家计划统一分配制度有利于促进经济和社会发展，适合我国国情。从高等教育适应经济体制方面来看，我国实行的是以公有制为基础的、高度集中的计划经济体制，主要通过计划手段进行资源配置，高等学校由国家投资、国家管理，招生和分配由国家统一制订计划。因此，在计划经济体制下，用人单位对大学毕业生的需求表现为国家的需求，用人单位既没有用人自主权，也缺乏用人的内在动力。

（二）部分自主选择高校就业转轨模式

1978 年 12 月党的十一届三中全会使我国进入全面改革开放与现代化建设新时期。党的十一届三中全会以后，我国高等教育事业进入一个新的发展时期。从中央到地方，对教育战略地位的认识有了很大转变。

随着党和国家工作重心转移到经济建设上来，以及改革开放的逐步推进，我国大学毕业生计划分配制度与社会生产力和经济、政治发展状况不相适应的矛盾日益突出，具体表现在：①高等学校及其毕业生和用人单位难以直接见面。高校无法得知用人单位的使用意图，用人单位也不了解高校的专业和培养方向，毕业生不知道即将从事的工作。因而造成了"学非所用、用非所学、专业不对口"的现象。②由于计划分配制度环节过多，造成了分配渠道的不畅通。对部委和地方所属高校毕业生很难进行横向调剂，导致毕业生资源配置的不合理。③用人单位需求人才与接收人才存在矛盾，造成人才的积压与短缺并存。④大学生缺乏竞争的压力和学习的积极性、主动性，严重阻碍了高校教育质量的提高。⑤高校不了解社会需求，对社会需求缺乏预见性，专业设置不当，培养计划不周；缺乏提高办学质量、效益的内在动力和外在压力，严重阻碍了高等教育事业的发展等。这一切都表明，大学毕业生就业制度改革势在必行。

20 世纪 80 年代初，我国大学毕业生就业制度的改革拉开序幕。改革首先从扩大学校的分配权限入手。自 1983 年起，国家逐步将原来由政府直接管理的部分权力交给学校，例如毕业生分配计划建议权，毕业生分配名单决定权，分配计划不当的调整权，以及学校对 20% 左右毕业生的直接分配或建议权等。1985 年《中共中央关于教育体制改革的决定》中指出：对毕业生就业，实行在国家计划指导下，由本人选报志愿，学校推荐，用人单位择优录用的制度。同年，清华大学和上海交通大学实行了在供需见面的基础上由用人单位自主招聘、考核、录用的改革试点。随后，供需见面的毕业生就业办法在全国高校中逐步推广实行。

（三）逐步实现"双向选择"的高校就业模式

1989 年，国务院批转了《国家教委关于改革高等学校毕业生分配制度的报告》（国发〔1989〕19 号，以下简称《报告》）。《报告》指出：改革的目标是在国家就业方针、政策指导下，逐步实行毕业生自主择业、用人单位择优录用的"双向选择"制度。1992 年初邓小平南方谈话发表后，毕业生就业单靠行政手段已不能完全奏效，因而开始引入市场机制；到 1993 年，全国有 100 多所高校毕业生开始按照"双向选择"的方式就业；到 1994 年，"双向选择"的范围进一步扩大。随着社会主义市场经济体制的逐步确立，1994 年国务院颁布的《中国教育改革和发展纲要》（中发〔1993〕3 号）提出了毕业生就业制度改革的明确目标：实行少数毕业生由国家安排就业，多数由大学生"自主择业"的就业制度。逐步实施改革步骤为 1997 年，大多数学校按新制度运作；2000 年，基本实现新旧体制转轨。2007 年 8 月 30 日正式出台了《中华人民共和国就业促进法》，在 2008 年 1 月 1 日起实施，其中总则中第二条规定：国家把扩大就业放在经济社会发展的突出位置，实施积极的就业政策，坚持劳动者自主择业、市场调节就业、政府促进就业的方针，多渠道扩大就业。

我国大学毕业生就业制度改革的过程，就是逐步消除与社会生产力和经济政治体制改革不断相适应的过程。高等教育在我国现代化建设中处于重要战略的地位，必须通过不断改革促进其发展。就业制度改革的根本目的在于：高等教育要更好地适应我国现代化建设需要，适应改革开放的新形势，实现毕业生资源的合理配置，提高高校办学质量和效益。在这个根本目的的指引下，高等教育工作者在实践中不断探索就业制度改革的办法，取得了显著的成效。

二、我国现行的高校毕业生就业制度

（一）现行的高校就业管理体制

1998 年，第九届全国人民代表大会第一次会议通过了将"国家教育委员会"更名为"教育部"的决议。在经国务院批准的教育部"三定方案"（即定机构、定编制、定职能）中，确定教育部在毕业生就业工作方面的职能是：归口管理高校毕业生就业制度改革，拟定高校毕业生就业政策，组织实施高校毕业生的分配工作；负责制订高校毕业生就业计划并组织实施，组织实施少量国家急需、应予保证的高校毕业生指令性分配计划。

近些年，我国高等学校的管理体制改革和机构布局调整迈出了重大步伐，可以说已经取得了巨大成功，以中央和地方两级管理、以地方管理为主的新的高等学校管理格局已经形成。目前我国高等学校主要分为三部分：一是教育部直属高等学校，二是中央部委所属高等学校，三是各省、自治区、直辖市所属高等学校。教育部直属高等学校和中央部委所属学校为中央部门管理的学校，各省、自治区、直辖市所属高等学校为地方管理的学校。

高校毕业生就业管理是高等学校整个管理系统中的一个子系统，在改革高等学校管理体制时，自然也包括了高等学校毕业生就业管理体制的改革。随着管理体制改革的深化，目前高校毕业生就业管理体制已初步完成由条块分割向条块有机结合的转化，高校毕业生就业工作也是以地方管理为主。按照现行高校毕业生就业管理体制，毕业生的就业采取在政府宏观调控下，以市场需求为导向，实行分级负责、相互调剂的办法。全国毕业生就业由教育部归口管理，国家根据每年度毕业生的资源情况和社会对毕业生的需求，制定年度方针、政策或指导性就业计划；高等学校按照国家的方针、政策和学校主管部门的要求落实毕业生就业计划，组织派遣毕业生；用人单位按照国家下达的接收计划接收毕业生。不同隶属关系高等学校的毕业生就业办法又有所不同。

随着高等教育管理体制改革的深入，从 2002 年开始，高校毕业生就业管理工作也相应进入到一个新的阶段。为了进一步完善高校毕业生就业工作的管理体制，2002 年 3 月，国务院办公厅转发了教育部、公安部、人事部、劳动保障等部门《关于进一步深化普通高等学校毕业生就业制度改革有关问题的意见》（国发办〔2002〕19 号，以下简称《意见》）。《意见》第一次提出成立由政府主管领导牵头、有关部门参加的协调机构，统筹做好高校毕业生就业工作。这是党和国家根据新的就业形势和任务提出的一个新的体制，为做好高校毕业生就业工作提供了重要的组织保证和体制保障。

（二）高校就业的一般性政策

1. 应届毕业生报考国家公务员的政策

国家行政机关、其他国家机关和参照国家公务员制度管理的事业单位从高等学校应届毕业生中录用国家公务员，一律实行考试考核、择优录用的办法。高校应届毕业的研究生、本科生、大专生（非委培、定向生），符合国家规定报考条件的均可报考。被录用为公务员的毕业生与组织、人事部门签订就业协议书，属于就业范围。

2. 应届毕业生到部队就业的政策

根据原国家教委、解放军总政治部于 1997 年《联合通知》中的规定，高等学校应届毕业生参军应具备如下条件：①拥护党的基本路线，忠于祖国，热爱军队，志愿献身国防事业，符合公民服现役的政治条件。②学习成绩良好。③本、专科毕业生的年龄不超过25 周岁；毕业研究生的年龄视具体情况而定。④身体健康，具体条件参照人民解放军院校招收学员的体格检查标准执行。到军队基层指挥岗位的毕业生还应具备良好的气质和强健的体魄；到专业技术岗位的毕业生的视力和身高，在不影响工作的前提下，可适当放宽。为吸引地方高校毕业生到军队工作，《通知》中明确将实行鼓励政策，参军的毕业生在首次评授军衔、评任专业技术职务、确定专业技术等级以及住房分配等方面，与同期入军校学习的毕业学员享有同等待遇。大专毕业生见习期满可定为排职，少尉军衔；本科毕业生见习期满可定为副连职，中尉军衔；硕士研究生可定为正连职，上尉军衔；博士研究生可定为正营职，少校军衔。

军队接收大学毕业生与大学生应征入伍不同，其主要区别如下：大学生应征入伍属于服兵役，具有义务性，属于当兵服役；而接收大学生毕业生，是指接收高校应届毕业生直接来担任军官或文职职务。

高校毕业生参军入伍的程序是：毕业生根据部队需要报名；部队对毕业生进行考核、体检，与接收对象签订协议；毕业生就业主管部门签证、派遣；部队统一办理接收对象入伍手续；组织入伍的毕业生军训，见习锻炼；对见习期满的毕业生定岗位任职。

3. 应届毕业生自费出国留学的政策

随着改革开放的深入和我国加入世界贸易组织，部分大学生将获得到国外深造或到境外企业工作的机会。符合国家规定申请自费留学的毕业生，不参加就业，也不再缴纳教育培养费。凭国外大学录取通知书，在学校规定时间内提出申请；经教务处和就业指导中心审核同意后，不列入就业计划。集中派遣时未获准出境的，学校可将其档案、户籍关系转至生源地，毕业生继续办理出国手续或自谋职业。

4. 患病毕业生和残疾毕业生的政策

毕业生离校前应进行健康检查，因病不能工作的，应回家休养。一年以内、半年以上治愈的（须经学校指定医院证明能坚持正常工作的），可随下一届毕业生就业；半年内治愈的，可到原就业单位就业；一年后仍未治愈或无用人单位接收的，户口关系转至生源地，按社会待业人员办理。毕业生报到后，接收单位应组织复查。单位在 3 个月内若发现毕业生因健康问题不能坚持正常工作，经县级以上医院检查确属在校期间旧病复发的，报主管部门批准，可将毕业生退回学校，按照有关规定处理；如属新生疾病，按在职人员病假期间的有关规定处理，不得把上岗后发生疾病的毕业生退回学校。对患有精神疾病（需县级以上医院证明）的毕业生，见习期内复发的，用人单位可将其退回学校，由学校退回生源所在地。对残疾毕业生的就业，仍按教育部、国家计委、劳动人事部、民政部〔(85) 教学字 004 号〕精神处理，即学校录取的残疾考生，毕业后应按其所学专业，由学校帮助推荐就业；确有困难的，按有关规定由生源所在地民政部门负责安置。

5. 自谋职业和自主创业的政策

国家鼓励和支持毕业生自谋职业、自主创业。其政策包括：

（1）从事社区服务的自主创业的毕业生，经县以上主管税务机关逐年审核批准，可免征营业税、个人所得税三年，城市维护建设税和教育费附加随营业税一并免征。

（2）毕业生创办从事咨询业（包括科研、法律、会计、审计、税务等咨询）、信息、技术服务的独立核算企业或经营单位的，经税收部门批准，免征所得税两年。

（3）自主创业的毕业生新办的从事交通运输、邮电通信的企业或经营单位，经税务部门批准，第一年免征所得税，第二年减半征收所得税。

（4）自主创业的毕业生新办的从事公用事业、商业、物资业、对外贸易业、旅游业、仓储业、居民服务业、饮食业、教育文化事业、卫生事业的企业或经营单位的，经税务部门批准，免征所得税一年。

（5）高校毕业生到边远贫困地区创办企业，经主管税务机关批准，可减征或免征企业所得税三年。

6. 第二学士学位毕业生就业政策

国家规定，在校生攻读第二学士学位，修业期满，获得第二学士学位后，原则上按第二学士学位推荐就业。这和普通高校招收的本科生的就业基本一致，即一是服从国家需要，二是坚持学以致用。在职人员攻读第二学士学位，修业期满，不论是否获得第二学士学位，均回原单位安排工作。已获得第二学士学位的毕业生工作后的起点工资与研究生班毕业生工资待遇相同。未获得第二学士学位者，仍按本科生对待。

7. 考研毕业生就业政策

多数考研的毕业生在择业时考研结果未定，所以毕业生应在协议中向用人单位声明，并且双方应达成共识，如果被录取为研究生，就业协议自动失效；否则不能签订就业协议。

8.委培生、联合办学毕业生就业政策

委培生是指用人单位（或地区）委托高校培养的大学生。委培生要按委培协议派遣，如确因委培单位关、停、并、转不能接收的，应由委培单位主管部门出具证明，经市毕业生就业主管部门审核同意，就地、就近安排就业；跨市安排就业的要报省毕业生就业主管部门审批。

学校与地方联合办学培养的毕业生原则上回联办地区就业，如因特殊情况确需改变就业去向的，须由联办地区毕业生就业主管部门同意，报省毕业生就业主管部门审核批准后，方可改变就业去向。

9.定向生的种类及其主要就业政策

定向生，即定向招生、定向就业的毕业生。定向生主要有两种：①贫困地区定向生；②行业定向生。定向生原则上按照入学时的合同就业。如遇家迁、升学、留校、参军等特殊情况，要出具相关证明材料，征得原定向地区（单位）的主管部门和所到地区（单位）的主管毕业生接收部门的同意，并报送省毕业生就业主管部门审查批准后，才允许改变就业单位。

10.毕业生二次择业政策

毕业生二次择业是指截止到毕业生集中派遣时，仍未落实接收单位的毕业生，要派回生源地省、市、区参加二次就业。原则上由省、市、区推荐就业；毕业生也可继续选择单位，在规定时间内落实工作的，毕业生就业主管部门可以为其办理二次派遣手续。

（三）高校就业的有关规定

（1）统一使用报到证的规定。根据教育部规定，目前全国统一使用"全国普通高等学校本专科毕业生就业报到证"和"全国毕业研究生就业报到证"（简称"报到证"）。报到证由教育部授权各省（自治区、直辖市）主管毕业生调配部门审核签发，特殊情况可由教育部直接签发。用人单位一律凭报到证接收毕业生，各地公安机关凭报到证办理毕业生落户手续。

（2）报到期限的规定。毕业生的报到期限一般为一个月。一旦由于某种特殊原因，如生病、外出遇灾未归等，不能按期报到，毕业生应采取书信、电话、E-mail等形式向接收单位请假说明情况。否则，用人单位有权拒收。毕业离校时尚未就业并派回生源地的毕业生可在两年择业期内继续选择就业单位，报到期限随之适当延长。

（3）报到后工资、工龄的规定。国有企业和事业单位，根据劳动部〔1980〕劳总薪字136号规定：毕业生上半月报到的，发给全月工资；下半月报到的，发给半月工资。根据1982年劳动部相关规定：高等院校、中专学校和技工学校大学生延期毕业的，应从他们正式报到之日起计算工龄。

（4）见习试用期的规定。根据国家有关文件规定，大学毕业生到达工作岗位后，行政事业单位实行见习试用期一年，私企按照双方约定算，一般3～6个月。见习期满后，经考核合格后转正定级；否则，可延长见习期半年到一年。延长见习期考核仍不合格的，待遇比定级工资标准低一级。

（5）定期服务的规定。根据国家有关文件规定，经见习合格后，毕业生必须到就业的工作单位连续服务五年（毕业研究生无见习期）。服务期满后允许合理流动。服务期满要求流动的，要按照科技干部管理的有关规定办理。

（6）用人单位不得拒绝接收的规定。现有高校毕业生就业方案是经过大学生和用人单位双向选择后以协议形式固定的，协议双方必须严格遵守，不得随意变动就业方案。用人单位不得拒绝接收或退回学校。如发现错派或确属调配不当，由用人单位和派出学校协商解决，不能单方面将大学生退回。毕业生报到后，由于本人坚持无理要求造成用人单位退回者，责任自负。

（7）到非公有制单位就业的规定。国家鼓励毕业生面向多种所有制单位就业和多渠道就业。毕业生可以到外商独资、合资企业就业，也可以到个体、民营企业就业。到非公有制单位就业的毕业生，其档案及户口关系按国家和各级政府关于毕业生就业政策和有关规定进行管理。

（8）凡纳入国家就业方案的毕业生，可免缴城市增容费。各有关部门也不得向毕业生收取上岗押金、风险押金等不合理费用。

（9）违反就业协议处理的规定。毕业生同招聘单位达成了就业意向后，应及时与其签订《高校毕业生就业协议书》。协议一旦签好，毕业生、用人单位、学校三方都应严格履行。如有一方提出更改，须征得另两方同意，并由违约方承担违约责任。

（10）改派工作的规定。以各地区或院校具体规定为准，由本院校的教师作出相关解释。在校保留档案的毕业生要求就业时，应由学校开具同意办理就业手续的证明，并说明大学生的毕业时间、所学专业和就业单位。

（11）结业生就业规定。有接收单位的结业生，可参照毕业生的派遣方式办理派遣手续，必须在《报到证》备注栏上注明"结业生"字样；在规定时间内无接收单位的，由学校保留其档案，户口关系转至生源地，自谋职业。

（12）华侨和港澳台地区毕业生就业规定。华侨和来自港澳台地区的毕业生愿意留大陆工作的，学校可根据国家有关规定提供必要的帮助。

（四）高校就业的服务保障体系

高校就业的服务保障体系主要包括：

（1）毕业生就业指导和服务体系。它是由政府、学校及社会各方力量组成的集管理、服务、教育、指导于一体，相互联系和沟通的组织体系，其宗旨是为毕业生就业提供全方位的、高质量的、方便快捷的指导和服务。其功能有信息服务、就业咨询服务、职业指导服务、职业介绍服务、职业（创业）培训服务、社会保障服务等。

（2）劳动关系调整体系。它是由政府、用人单位及员工组成的对供需双方在生产和工作中义务与权利、合作与冲突相互交织所产生的各种关系（如工作任务、工作时间、工作期限、劳动报酬、劳动保护、社会保障以及其他权利和义务等）予以调整的组织体系，它通过采取一系列手段，调整供需双方劳动关系，使之向着稳定和谐的合作方向发展。

（3）职业技能开发体系。它是政府与社会各方面根据市场和社会经济发展的需要，积极开发毕业生人力资源，调节毕业生供求平衡与素质结构，全面提高毕业生职业技能与劳动能力的组织体系。

（4）社会保障服务体系。它是国家和社会依据一定的法律和规定，通过建立一系列的管理机构对社会成员的基本生活权利给予保障的组织体系。社会保障体系包括社会保险、社会救助、社会福利等方面内容，是保证社会分配公平，维护社会良性发展和稳定的一项重要的社会政策和调节机制。

（5）宏观调控体系。它是由国家政府部门组成的对市场经济的运行从总量与结构上进行调节、控制和引导的组织体系。它在市场机制充分发挥作用的前提下，通过结合运用计划、经济、法律、行政等手段，对毕业生供求及结构、毕业生流向及毕业生就业市场的公平与效率等进行调控，以弥补市场机制的缺陷，同时做好毕业生市场的宏观分析与规划。

（6）法律法规体系。它是指遵循宪法规定的原则，通过制定相关法律、法规、制度，建立健全执法监督机制和法律服务机构，以规范市场主体行为，规范市场秩序，保护毕业生和用人单位的权益，使毕业生就业市场在公平、公正的健康环境中运行。

第二节　国外高校就业制度及对我国就业制度的借鉴意义

近年来，随着世界经济发展的变化，各国劳动力市场的变化也在发生变化，特别是高校毕业生的就业压力日益突出。因此，基于高校就业的现实考虑，更是基于前瞻性的战略思考，世界各国都极为关注对高校毕业生就业的政策投入。因此，我们可以借鉴其他国家的就业制度，以促进我国的就业制度的完善。

一、发达国家的高校毕业生就业制度

发达国家的高校毕业生实行的"市场配置型"就业机制，概括起来就是"国家不包分配，高校不承担责任，学生自由择业"。这种就业机制是劳动力市场运行的一种方式，是就政府、企业、学校、求职者相互之间的组合与作用方式而言的。发达国家高校毕业生就业制度主要有以下特点：

（一）政府加强宏观调控，为高校就业提供完善的保障体系

在美、德、日等发达国家，由于实行市场配置的自由就业模式，高校毕业生就业完全纳入社会就业体系中，政府对高校毕业生就业不负直接责任和义务。因此，发达国家政府

在推行高校毕业生就业方面不进行直接的干预和限制，其主要是提供完善的保障体系，在市场运行失灵的情况下进行宏观调控，并提供完善的服务体系。

（1）完善法律保障体系，将高校就业纳入法治化轨道。发达国家政府对劳动力市场和高校毕业生就业的重视主要体现在对有关法律法规的完善和就业市场的规范化管理上。在法律法规的完善上，发达国家政府通过制定一些相关的法律法规来规范和管理就业，保障高校毕业生的就业权利和用人单位的合法权益。这些法律法规的制定和实施既规范了毕业生劳动力市场，又保障了高校毕业生的就业权利，同时也维护了各用人实体的合法权益。特别指出的是，德国在制定就业法律法规方面有自己独特的一面。德国是目前西方国家中制定了最详尽的解雇保护制度的国家，且有独特的教育体制和就业管理体制。1947年，联邦德国制定了《德意志联邦共和国基本法》，随后依据《基本法》制定了一系列新的劳动法规，如《职业教育法》《就业促进法》《训练促进法》等。这些法律的制定都旨在扩大就业需求，促进就业。

（2）制定多项有效政策，弥补市场调节的缺陷。"市场配置型"就业机制的特点是完全依靠劳动力供求双方自主决定自己的行为。因此，难免会出现市场调节"失灵"的现象，需要政府及时制定相关的政策来弥补市场调节的缺陷。发达国家的就业机制主要有两个方面：一方面是创造和保持足够多的工作岗位；另一方面则是提供就业保障和服务。例如，在创造和保持足够的工作岗位方面，美国和日本注重政策支持。在美国，针对特殊教育教师、护理、军人等存在大量需求的特殊职业，市场机制又无法自发实现供求平衡时，联邦政府通过制定特殊政策，通常最为常见的是免除学生的贷款，鼓励学生从事这些特殊的职业。日本政府针对本国经济不景气、许多高校毕业生失业这一情况，推出有针对性的政策，向现有企业提供补贴，以鼓励他们雇用高校毕业生，并鼓励创立新企业，从而创造新的就业岗位。在提供就业保障和服务方面，各国政府也都推出自己的相关政策，促进高校毕业生就业。日本政府要求毕业后一年尚未找到工作或找不到全职工作的高校毕业生要在当地的就业保障办公室登记，以外包方式由公司和指定的学校提供职业培训。德国政府则对毕业一年尚未就业的高校毕业生发放失业保险金，以帮助高校毕业生尽快渡过难关，找到合适的工作。各国政府的政策效果虽有所不同，但总体来看，这些政策在宏观层面上对高校毕业生整个就业机制正常运行都产生了积极的影响。

（3）设立专门机构，提供组织保障，实行全国就业信息网络化管理。例如，美国联邦政府劳工部设有统计局和就业规划办公室；各州政府设有就业发展局负责推进大学生就业。德国于1927年设立了联邦劳工局；从1997年开始，德国政府在各州的大学生集中地专门设立36个大学协调组，这些协调组有的直接设在学校。每个协调组都有固定的编制和充足的经费，具体实施培训和服务规划。日本政府教育主管部门文部科学省设有专门管理高校就业的机构，负责高校毕业生就业的部门为厚生劳动省。厚生劳动省设有管理学生职业综合支援中心，各都道府县也设有"学生职业中心"。厚生劳动省的职业安定机关对高校毕业生进行就业指导和职业介绍等服务。这些就业机构在服务功能、服务内容和手段上都具有完善性、丰富性和时效性。近些年，随着互联网络的发展，发达国家毕业生就业信息化、网络化已经实现。美、德、日等国充分利用互联网等信息化手段，使国家、地方、学校的就业信息联成一体，实现就业信息资源网络化管理。

（二）社会用人实体提供实习锻炼机会，中介组织提供专业优质服务

在发达国家，无论大型企业、中小型企业，都十分注重吸纳人才工作。这些用人实体十分重视与高校和政府的紧密合作，包括给予高校可观的经费支持，为政府就业中介机构定期发布可靠的招聘信息；与高校共同开展就业指导教育和职业能力培训，在各高校开辟人才招聘市场，等等。

最值得一提的是，发达国家的一些企业很注重为即将毕业的学生提供实习机会，推出独具特色的"实习生计划"。如美国的微软、通用电器公司、惠普公司，德国的宝马等大公司和许多中小公司每年都接收即将毕业的学生来公司实习，毕业生的实习期从1个月到6个月不等。在实习期间，大学生可以学习公司的运营及管理情况；实习结束后公司对学生进行书面评价。如果大学生愿意，实习期间表现突出的大学生毕业后可以留在公司工作。这样既为公司节省培训成本，也为大学生提供就业实习机会，可谓一举两得。在国外，服务于高校毕业生的就业中介机构多种多样，有营利性的，也有非营利性的；还有一些人才租赁公司、人才中介公司、猎头公司等社会中介服务机构同样为高校毕业生的就业大开方便之门。这些中介机构的主要职能是针对当前毕业生求职中所遇到的各种问题进行指导，并对就业市场进行前景预测；帮助高校毕业生选择并获得满意的工作，为雇主制订有效的人员招聘计划并提供优秀人才。其中美国的"全美高校和雇主协会"，开展临时性中高级职员租赁业务的伏特信息科技公司；日本的"民营职业介绍协会""全国求人信息协会"等都是非常著名的。另外这些中介机构还出版职业介绍杂志，例如美国的《择业》，日本的《求人情报》和《临时工信息》等。

（三）高校建立完备的毕业生就业服务体系，切实为毕业生就业服务

（1）就业指导机构专门化，就业指导人员专业化。在美、德、日等发达国家，各高校都设有专门对毕业生就业进行指导的专业化机构。这些就业指导机构设备齐全，资金充足，特别是这些就业指导机构的指导人员都是由具有高等教育学或心理学硕士以上学位的专业人士担任；同时各高校就业指导机构还聘请一些校外的专家学者对学生进行就业咨询和指导，使学生得到专业、优质的就业指导。

（2）服务内容丰富细致，服务方式注重全程化。美、德、日等发达国家高校都十分注重学生就业服务的质量和内容。从学生入学前，各个高校就派出专门人员对高中毕业生进行入学咨询服务，帮助学生根据自己的兴趣、爱好选择合适的专业。入学后，各高校通过心理测试、咨询等手段引导学生进行正确的自我评价，帮助学生确定职业方向。同时高校对大学一年级到大学四年级学生开设不同内容的就业指导课程。而且这些高校的就业指导是全程式的跟踪服务，从学生入学前、入学后，到毕业后走上工作岗位，高校就业指导中

心都给予关注。

（3）就业服务信息化、网络化。发达国家各高校都十分注重对毕业生的就业信息服务。通过网络高校及时把各种社会需求信息收集起来，学生可以随时通过信息网络查到自己所需要的全国乃至世界各地的需求信息，也可以把求职信息通过网络传送给雇主。此外，在各高校就业指导机构还备有各类有关就业指导的图书、报纸、杂志和企业介绍材料，供学生随时查阅。

（4）注重对外宣传交流，与用人实体紧密联系。各高校十分重视对就业指导工作本身的推广，通过舆论扩大工作影响，进行对外宣传交流工作。一方面，高校面向用人单位宣传学校的办学质量，扩大学校影响，提供就业招聘服务，强化需求关系，寻求与用人单位的合作；另一方面，加强校际交流，提高工作水平，实现就业信息和资源的共享。针对许多用人实体看重学生的社会经历、实践经验的特点，国外许多高校都为学生提供一些专业实习的机会，组织学生进行社会实践和调查等活动。

二、发展中国家的高校毕业生就业制度

发展中国家正处在经济发展过程中，同时也伴随着高等教育的迅速发展，出现迅速壮大的大学生队伍。但与此同时，由于各国经济发展速度减缓，又冲击着发展中国家大学生的就业，尤其是发展中国家高校就业机制尚不成熟、不完善，使得这些国家的高校毕业生就业制度更加凸显政府主导的倾向。

（一）通过国家颁布政策规定，实施促进就业的发展战略

泰国人口约7000多万（2020年数据），人口密度与我国接近。毕业生为了全面系统地促进高校毕业生就业，泰国政府于1998年底推出了一个"减少失业行动计划"，该计划七个措施之一的"烛光工程"专门解决大学和各类技术学校学生的就业问题。为了帮助每年出现的失业大学生，泰国政府还出台了政策，即"从新财政年度中拿出50亿铢，为刚毕业的大学生创造了7.5万个工作机会，让他们到各地参与管理乡镇发展基金或参与'一村一产品计划'"。申请参与这一计划的每个毕业生将到乡村接受为期10个月的半工半读培训，每月国家为其支付6360铢，其中600铢作为学费再返还给政府"。2009年，在金融危机影响下，在谈及促进高校就业问题时，阿披实（时任泰国总理）说，"我们将帮助应届毕业生快速找到工作……将使他们在面向学校以及政府岗位上就业"。巴西政府推出了"初次就业计划"，重点支持就业市场中的弱势群体，尤其是增加和改善青年人的就业率。据统计，"目前巴西城镇居民的失业率达7.6%左右，而且就业市场仍在一步缩小。政府推出的'初次就业计划'，旨在发挥社会各阶层的作用，在全国范围内建立一个促进青年就业网。"自2003年以来，巴西政府通过采取有力的宏观经济调控政策，严格控制通货膨胀，维护高校毕业生就业市场的稳定，为增加高校毕业生就业岗位创造了良好的经济环境。同时，巴西政府将发展战略逐步由"经济增长优先"向"促进就业优先"转变，为全面实现

充分就业创造良好的环境。印度政府实施农村就业计划，包括农村工程计划、农村服务中心计划等。在金融危机背景下，据报道"印度代理财政部部长慕克吉近日向国会提交了临时预算案。根据该预算案，印度政府将在下一个财政年度增加公务员岗位 9.2 万个，增长率为 3%。"

（二）调整教育发展战略，大力开展大学生职业培训

为了适应经济社会发展和体制改革所带来的高校就业结构的变化，印度政府各类高等院校不断调整专业设置、专业培养方案、专业招生计划人数等等；注重培养大学生的自主就业意识、就业技能等等。印度各类高校按照政府同意的计划，积极实施职业定位教育，将相关的职业课程开设进大学课堂，"印度大学拨款委员会（UGC）还专门成立了职业教育管理委员会（SCOVE），旨在推进各高校引进职业教育课程、培训教师、编写教材以及监督教育计划实施过程。与此同时，印度政府正在寻求世界银行资助，力争四分之一的印度高校大学生都能接受系统的职业教育培训。"巴西政府制订了详细的国家就业培训计划，将该计划与增加就业机会、提高高校学生就业率等各项工作结合起来，积极引导全社会各行各业共同参与大学生职业培训工作。

（三）加强政府的就业服务职能，健全大学生社会就业服务系统

巴西劳工部从 1975 年开始推广实行全国工作体系，规定各级政府要设立专门的劳动中介机构，旨在向求职者提供有关的就业信息，向用人单位提供劳动力资源信息。巴西各级政府劳动局均设有专门的公共就业协会，协会充分利用网络、媒体等手段，建立人才库，随时跟踪劳动力市场的供求情况，为供求双方建立畅通的联系渠道。印度政府并没有设置专门的高校就业市场，其高校就业的市场化意识比较强，印度政府只是将高校就业市场作为整个劳动力市场的一部分来看待。印度大学生主毕业生要通过较为成熟的高校就业指导服务中心和社会职业咨询机构两个渠道来实现就业。

三、国外高校毕业生就业制度对我国高校毕业生就业制度的借鉴意义

综合来看，发达国家与发展中国家在促进高校毕业生就业的制度上，主要有以下几点区别。第一，在促进高校就业的认识上，发达国家注重大学生市场化的运作方式，发展中国家注重政府对高校就业的积极措施，通过政府力量，提供大量的就业岗位。第二，在促进高校就业的政府责任上，发达国家强调维护公平公正的就业环境，发展中国家强调加快发展经济，调整教育结构。第三，在促进创业上，发达国家走在了发展中国家前面。虽然世界各国国情各异，高等教育制度、高校管理体制、毕业生就业机制等也有很大差别。但是随着我国市场经济的发展，劳动力的市场配置机制也不断完善，国外高校毕业生就业机制方面的有益经验值得我们借鉴。主要有以下几点：

（一）激发创业精神，创造就业岗位

解决高校毕业生就业的根本在于就业岗位的增加，而就业岗位增加的根本在于不断地进行创业活动。通过借鉴国外的经验，我国可以放松市场管制与扩大市场准入，扩展创业空间；降低创业的行政成本、税收成本与风险成本，从而提高创业的预期收益；并且建立创业信息系统和创业融资体系，为大学毕业生提供创业支持。

（二）提供就业激励，满足特定需求

在需求方面，国家应通过有效的政策刺激以促进劳动力市场实现均衡，鼓励大学生到特定地区（如基层、贫穷落后地区）、特定企业（中小私营企业、乡镇集体企业）、特定职业（中小学教师、乡镇医生）就业；并对大学生的收益差进行制度化的合理补偿。

（三）改进教育体系，提升就业能力

教育体系改进的方向是根据市场的需求来确定专业设置、教学内容、教学方法。教育体系改进的目标是高校能够提供一种学习环境，从而使高校毕业生拥有广泛的技能（如从技术技能到人际技能和解决问题技能），为其职业做好准备。高校应提供继续的学习机会以使毕业生能发展综合技能，从而有效地适应市场需求的变化。为此，高校需要建立起与市场和用人单位的密切联系，跟踪了解市场需求及需求的变化，并尽快在所有的教学领域中对此作出反应。

（四）完善职业指导，提高市场效率

在市场机制的基础上，国家通过立法建立起高校毕业生就业指导体系，使其制度化。毕业生就业指导体系包括：建立高校就业信息系统，并与全国各地的劳动力市场信息系统联网；各高等教育机构之间也进行联网，构成一个完整系统；建立职业指导机构和中介组织，指导学生进行有效的自我评估、职业开发以及制定求职战略，为高校学生提供平等、充分的信息与指导服务，以帮助学生进行职业决策，让他们能够将职业规划战略融入其生涯规划之中；就业指导体系实施全程指导，从学生入学到毕业后几年内始终进行；建立职业顾问队伍、职业顾问资格注册体系，强化职业顾问的培训，使其向职业化、专业化和专家化发展；建立职业指导课程，列入学校教育课程内容和教学计划之中。

（五）强化政策研究，确保干预得当

国家建立全面的政策分析评价系统，确保政策干预取得积极效果是非常必要的。因此，我们的就业政策制定要研究中国特色社会经济结构、劳动力市场发展的趋势以及高校就业的特点；认真研究发达国家就业政策的前提条件、政策措施、政策传导机制、最终结果以及不同国家就业政策的比较，界定高校就业问题，确定解决问题的范围与目标，提出解决办法，制定政策草案，并对就业政策效应做预前模拟研究；对政策实施进行跟踪研究，并进行阶段性评估和反馈，以便于政策决策的改进。政策干预既要解决市场失灵，更要避免政府失灵。在就业政策领域，政策首要的目标是不能对劳动力市场的运行产生负面影响；

其次是有效改进就业结构，促进就业增长。

第三节 对我国高校毕业生就业制度创新的思考

目前我国经济保持快速增长，然而我国高校就业形势依然严峻，如果这部分人口的就业问题得不到有效解决，不仅造成人才和教育资源的浪费，而且影响社会的稳定和发展。在市场经济条件下，创新和完善高校毕业生就业制度可以稳定高校就业大局，为高校就业提供有力保障。因此，完善高校毕业生就业制度既是一项利于社会持续发展的长远计划，又是当前形势下的急需解决的问题。

一、完善高校毕业生就业制度的必要性

（一）完善高校毕业生就业制度是大学毕业生顺利就业的需要

完善高校毕业生就业制度有利于大学生在思想上转变就业观念，并清醒地认识提高综合素质，具备过硬的就业能力的重要性；从而能促使大学生在校学习期间，更加珍惜校内外的各种学习资源，有效提升自己的就业能力，为成功就业做充分的准备。

完善高校毕业生就业制度有助于保障待业、失业大学生的基本生活，增强大学毕业生的自立意识。通过对大学生提供基本的生活来源，使他们意识到毕业后再也不能依靠父母，应该经济独立。这种自立意识将在一定程度上促使他们积极寻找工作，早日就业。

完善高校毕业生就业制度有利于减缓大学生心理承受负荷，缩短大学生的失业时间。大学生初次就业率下降，并且大学生抵御失业风险的能力又弱，因而就业保障具有特殊的意义。完善大学毕业生就业保障制度，不仅能保障大学生的基本生活，减少人力资本投资的损耗；对调整大学生的心态，平衡其情绪有重要作用；还有利于失业大学生重新认识自己和社会，提高自己的就业能力，从而缩短失业时间，避免长期失业。

（二）完善高校毕业生就业制度是高校生存和发展的需要

当前，以就业为导向是高等学校办学的新思路。国家及地方教育主管部门每年公布高校一次性就业率，并对连续几年就业率低的专业或学校给予黄牌警告和停止招生等处罚。完善高校毕业生就业制度不仅能确保高校培养出高质量的大学生，解决其自身存在的问题，也是社会对高校的必然要求。

就业率成为大学竞争力的重要标志。就业率对大学竞争力产生重要影响，主要表现在：第一，就业率直接影响高校招生的数量和质量。严峻的就业形势使得学生和家长在填报志愿时非常关注所报专业的就业率。因此，就业率成为高校争夺优质生源的重要筹码，毕业生的就业情况也逐渐成为考察大学办学效果的重要指标。第二，就业率的高低影响大学在排行榜上的位置。大学排行榜是社会大众了解大学的便捷渠道，由于大众对高校就业情况

的关注，就业率和就业质量逐渐成为大学排行榜的重要指标。虽然就业率的高低不等同于就业质量的高低，但在很大程度上能反映出高校办学水平。而完善高校毕业生就业制度的最终目的就是提高高校毕业生就业率，保障其就业质量。

完善高校毕业生就业制度是高校可持续发展的有效途径。由于我国正处于高等教育大众化向普及化转变的阶段，政府加大了对高等教育的财政性经费的投入，越来越多的青年人有机会接受高等教育。完善高校毕业生就业制度能促进大学生顺利就业，这样能够提高社会对大学的满意度。高校则可以根据学生的就业状况以及市场的反馈信息，来调整资源配置、调节课程和专业设置，提高人才培养质量，使高校办学更具有效律。

（三）完善高校毕业生就业制度是构建和谐社会和实现中国梦的需要

完善高校毕业生就业制度是构建和谐社会和实现中国梦的必然要求。解决大学生就业问题是实现和谐社会的重要保证，和谐社会是一个庞大的系统工程，需要社会政治、经济、文化等各方面的协调与配合。和谐社会是各阶层和睦、各尽其能、各得其所的社会，是人们的聪明才智、创造力得到充分发挥和全面发展的社会，是经济社会协调发展的社会，是人与人、人与自然协调相处的社会，是追求公平和良性运行的社会。因此，实现充分就业是构建和谐社会的基本要求之一，公平就业是构建和谐社会的基石。大学生是整个社会的宝贵财富，因此积极发挥他们的聪明才智，保障他们就业，对缩小贫富差距，维护社会公平，实现中国梦等都具有现实意义，并将产生重大而深远的影响。

二、我国高校毕业生就业制度的创新与完善

（一）政府视角：完善就业政策，优化宏观调控

随着我国经济社会的进一步发展，我国的高校毕业生就业制度应在国家宏观就业政策指导下，建立"以市场为导向、以学生为中心、以满意为原则、以顺利就业为目标"的新模式，为大学生顺利就业提供有利的环境。

1. 推进高校就业的政策和行政制度改革

我国大学毕业生的就业，不仅需要市场经济的自身调整，更需要政府的行政干预。政策机制的健全是做好毕业生就业工作的关键，政府必须按社会经济的发展和需求，调整高校毕业生的就业政策，建立毕业生就业保障制度，健全用人机制，促使毕业生就业。

（1）实施更加积极的就业政策。政府通过调控，制定相应的就业政策对就业市场和毕业生整体流向进行控制，以实现人才资源的合理配置。市场如果无法自发实现供求均衡，则需要政府就业政策的介入。

要加大配套制度改革，促进就业工作科学化。政府加大劳动制度、人事代理、户籍管理和社会保障制度的改革力度，扫除高校毕业生各种就业障碍。第一，加大用人机制、单位编制等制度的改革，扩大机关、企事业单位的用人自主权，使用人单位真正做到有用的人能进，无用的人能出。第二，加强户籍、档案制度的改革。边远地区、小城镇、农村的

大学毕业生打开方便之门，使人才能合理流动。第三，建立起完善的毕业生就业社会保障制度，成立专门的管理部门，向未就业的大学毕业生提供服务，解除其后顾之忧。第四，简化就业程序，减少就业限制。减少对毕业生户籍、专业、性别的限制，与有关部门协调一致，互相支持，保证就业政策的贯彻落实；统一和延长大学毕业生择业的时间和用人单位的选人时间，并简化就业程序，保障就业渠道的畅通。

（2）要鼓励大学生到基层就业。广大农村及中西部中小城镇具有广阔的发展空间，大学生到基层就业是知识青年与基层实践相结合的新尝试，对当前促进高校就业和推动基层建设都意义重大。政府在促进大学毕业生基层就业方面已经出台了很多措施。例如，大学生志愿服务西部计划、农村教师特岗计划、到基层农村"三支一扶"计划，高校毕业生应征入伍、选聘高校毕业生到农村任职计划等。但随着大学毕业生规模的持续扩大，就业人口不断增加，政府应该进一步完善基层就业政策，增加就业岗位。第一，在实施西部志愿者计划的基础上，进一步探索中部、东部志愿者计划。西部由于历史、自然、经济等发展局限，其基层吸纳大学生的能力毕竟有限。因此，应拓宽大学生基层就业渠道，把视野放宽。第二，大力宣传各项优惠政策和到基层就业典型，营造大学毕业生面向基层就业良好的舆论导向。第三，积极实行大学毕业生面向基层就业定向招生制度，由高校与基层用人单位签订定向培养协议，学生毕业后到协议单位就业。第四，加大基层服务者的经济投入，提高待遇水平，完善基层就业的福利制度，如"五险一金"的缴纳额度应与当地的城市居民收入保持一致，并逐步缩小城乡劳动力市场差异。

（3）要建立健全大学生失业救助制度。针对因患病等原因在短期内无法就业且生活困难的大学毕业生实施救助。大学生失业救助制度能有效地保障暂时失业大学生的基本生活，并能通过适当的制度设计发挥其促进就业的功能。保障首次未就业大学生的基本生活对失业的负效应，稳定社会秩序有重要意义。建立大学毕业生失业救助制度，应充分发挥制度促进就业的功能；为失业大学生提供免费的职业培训，提高其就业能力，逐步树立"从救济到工作""以就业求自立"的积极的失业保障理念。

（4）控制高等教育发展规模和速度。要适当控制高等教育发展规模和速度，改善大学毕业生地区分布失衡的状况。高等教育要"适应国家和区域经济社会发展的需要，建立动态调整机制，不断优化高等教育结构"。一方面，高等教育规模不能超越社会总的人才需求，应充分重视市场需求，把握社会经济走向和就业市场的变化，按照社会发展的方向设置专业课程，控制招生规模和调整人才培养模式。"优化区域布局结构，设立支持地方高等教育专项资金，加大对中西部地区高等教育的支持，实施中西部高等教育振兴计划。新增招生计划中向中西部高等教育资源短缺地区倾斜，扩大东部高校在中西部地区招生规模。"另一方面，对中西部等经济欠发达地区，政府有关部门不仅要提高其现有的高等学校办学水平，扩大其办学规模，还要帮助其创办新的、满足当地社会经济需要的专业；对大城市和经济较发达的地区，国家应侧重在政策上给予其更多的自主发展高等教育的空间。此外，政府要对社会经济发展的客观需要进行研究和预测。根据预测调整高等教育布局，调整招生数量和专业分布，将高等教育与社会各方面协调发展。建立高校分类体系，实行分类管理，合理调控重点大学、一般本科院校以及专科学校的层次比例，使大学生的地区分布趋于合理。对一些社会需求不大、就业率过低的专业，应减少招生人数，甚至停止招生。从高等教育发展的全局看，其有利于缓解毕业生就业压力，有利于高等教育的健康发展。

（5）加强政府的就业监督职能。政府履行监督责任主要体现在以下在四个方面：第一，加强对就业市场进行监督，禁止就业歧视。面对日益复杂的市场环境，政府应随时审视自己在高校就业中的责任，严格监控就业市场，为大学生构建一个公平的就业环境；同时政府还应加强监督劳动力市场中的就业歧视现象，对就业歧视现象给予严厉处罚，维护大学毕业生的正当权益，使大学生通过公平竞争实现就业。第二，加强对用人单位的监督。对机关、企事业单位等用人行为进行监督，对企业和其他社会组织的招聘情况，履行国家政策情况进行监督。目前，有很多用人单位出现拒收应届毕业生，向毕业生收取不合理的费用等。针对这些问题，政府部门必须监督用人单位在招聘过程中出现的非法或不正当行为，禁止用人单位在招聘过程中徇私舞弊，以此推进我国人事制度改革，健全和完善大学生的就业权利。第三，加强对大学生诚信就业的监督。政府应监督大学生诚信就业，保证就业市场健康发展。大学生在就业过程中虽然处于弱势地位，但有些大学生在就业过程中却提供虚假材料，或无故违约。为此，政府可以设立专门的网站，建立诚信档案和学生信誉网上查询系统，维护良好的诚信就业市场环境。第四，政府作为监督主体要对自身进行监督，主要体现在对政府工作人员的监督以及公务员的相互监督。一是对政府公务员促进高校就业政策落实情况和职责履行情况进行监督，确保各项政策真正落到实处；二是中央政府应监督地方政府的促进就业工作，定期和不定期检查各项具体政策的落实情况；同时督促相关部门互相监督，竭力实现就业工作效益最优化。

2. 完善高校就业的法律制度

高校毕业生就业制度的完善，要有国家的法律法规做保障。就业保障体系的运行应该建立在法律的基础上，就业保障的实现也要依靠法律的权威作保证。政府应建立和健全高校毕业生就业法律法规，充分发挥法律法规的效应，从根本上使高校毕业生走上依法就业的道路。针对当前高校毕业生就业市场的状况，完善法律制度，政府应着重从以下几个方面加以改进和提高：

（1）强化政府的法治意识。政府的法治意识，主要体现在依法行政，重视履行宪法和法律赋予的职责，依照法律、法规、政策的规定进行行政管理。凡是法律没有授权的，政府都不得为之，否则就是超越职权或者滥用权力，就是违法。行政机关行使行政权力必须做到公平和公正，排除不相关因素的干扰。政府法治意识作为建设法治政府的内在而强大的精神动力，作为引领广大公民迈向法治社会的精神指南，不是自然而然地形成的，而是在政府行政过程中通过学习教育、社会各种力量的监督制约以及在行政管理的实践中逐渐形成的。首先，应加强行政立法。由于高校就业是一个复杂的系统工程，涉及的政府职能部门较多，部门之间由于职责不同可能出现工作相互交叉、重复或者相互推诿。因此，政府应明确各级政府以及各政府部门之间在高校毕业生就业中的具体职责，规范自身的政府行为，防止政府责任缺位、越位和错位。其次，政府公职人员应加强对法律知识的系统学习，不断提高法律素质，增强民主法治观念和法律素养。再次，应发挥民主监督的作用，加强对权力机关监督、专门机构监督、群众监督的法律制度的建设，促进我国社会主义法律监督体制的形成和有效地发挥作用。最后，在依法行政的实践中提高法治意识。政府工作人员在自己的日常具体活动中，如果都能忠实地履行宪法和法律赋予的职责，严格依法行政，合法行政，程序正当，权责统一，就能充分显示出法律的严肃性、强制性、权威性和公正性，就能对政府工作人员产生一种无形而有力的引导作用，使他们在观念和心理上产生对法律权威的信任和服从。

（2）完善高校就业法律保障制度。高校毕业生就业保障制度的建立和完善离不开完善的法律法规。政府通过制定法律法规和高校毕业生就业工作的方针和原则，以法律的形式明确公民的就业权利；通过国家政策支持、职业教育和培训、就业服务和援助等，形成较为完善的就业保障法律体系。同时，依靠国家授权的仲裁、监督、执法机构相互配合，使毕业生就业工作做到有法可依、有章可循。

第一，政府应制定相应的《中国人民共和国就业促进法》（以下简称《就业促进法》）。该法律旨在建立促进高校就业的基本法律制度，是实现充分就业的法律保障。制定《就业促进法》的基本指导思想是实现高校就业增长与经济增长同步。其基本思路是以党和国家及现行有关促进高校毕业生就业的政策性文件为基础，以加强大学毕业生的权益保护为目标，广泛吸收国外高校就业立法的经验，规范就业管理、高校就业优惠政策，高校毕业生就业的权益保护、大学生创业税收优惠政策和金融政策，大学生社会保障措施，等等，为高校毕业生就业保障制度的建立与完善提供强有力的法律保障。

第二，制定《中华人民共和国反就业歧视法》（以下简称《反就业歧视法》）。所谓就业歧视，是指"根据种族、肤色、性别、宗教、政治观点、民族、血统或社会出身所做出的任何区别、排斥或优惠，其结果是取消或有损于在就业或职业上的机会均等或待遇平等"。就业歧视行为在我国时有发生，因此对高校毕业生就业过程中遇到的就业歧视现象应引起重视。就业歧视是对平等就业权的损害，因此制定《反就业歧视法》并增加反就业歧视条款的数量，用法律形式禁止就业歧视现象。

（3）加强执法力度。依法行政不仅是现代法治国家所普遍遵循的一项法治原则，也是各国据此原则所建立的一整套行政法律制度；不仅是现代政府管理方式的一次重大变革，更是现代政府管理模式的一场深刻革命。近年来虽然我国就业法律、法规不断完善，然而用人单位知法犯法现象依然存在，因此相关部门应继续完善劳动立法和社会保障立法，加大执法力度。

例如，政府应加强综合执法力度，联合劳动保障部、公安部、人事部等各部门的力量共同出击，对中介机构的违法欺诈行为依法严惩。一是要定期审核职业中介机构的经营资格，核实招聘岗位信息和数量，建立职业中介机构诚信档案，对没有营业执照、从业人员缺乏资质或乱收费，欺骗大学生的职业中介机构予以坚决查处，甚至取缔。二是要对网络、报纸等新闻媒体严把宣传关，确保就业广告的真实性。加强新闻媒体等的第三方的评价和监督，对于违法和非法的中介机构，新闻媒体要公开曝光。三是要建立一支高效廉洁的职业中介监察队伍，成立专门负责处理投诉机构，使学生、高校、企业及社会的沟通渠道畅通。

（二）改善就业市场环境，建立市场信息平台

目前，高校毕业生就业市场仍处于"政府诱导型"阶段，即由各级教育部门和高校采取各种措施和政策，引导和推动高校毕业生到市场择业。但随着高校毕业生的逐渐增多，就业市场需要逐步由"政府诱导型"向"市场主导型"转变，充分发挥用人单位、中介组织机构、劳动力市场等在社会人力资源配置中的作用。通过各部门分工协作，建立和完善一个动态的高校就业服务网络，共同努力促进高校毕业生就业。

自主择业政策的实行，标志着我国高校毕业生就业市场的建立。目前我国高校就业市场发育不完善，市场环境存在一些问题，导致高校毕业生就业成本较高，缺乏良好的就业市场秩序。因此，我国就业市场建设的当务之急是改善就业市场环境。

1. 消除劳动力市场的制度性分割

目前我国统一的劳动力市场还未完全形成，这成为实现人力资源有效配置的重要制约因素。而且由于劳动力市场不够完善，信息沟通不畅，高校毕业生和用人单位只对当地劳动力市场信息有了解，而忽视了整体市场信息，造成了用需双方信息不对称。同时还由于高校与就业市场存在着拥挤与隔离效应，高校毕业生在各行业、各地区之间很难自由流动，消除劳动力市场的制度性分割是促进高校就业的必然选择。劳动力市场的制度性分割实际上是由于二元经济结构和区域发展不平衡造成的，消除劳动力市场分割首先要统筹城乡发展和区域发展，缩小城乡之间、区域之间的经济发展差距。因此，国家通过西部大开发、中部崛起、新农村建设和城镇化推进等进行经济战略转移，使各地发展不平衡的问题得到缓解。其次要消除各种制度性障碍，充分利用市场机制对劳动力市场的调节机能，扫除体制性障碍，适应社会主义市场经济的要求。我国社会主义市场经济体制在我国已初步建立并逐渐完善，而沿用计划经济时期的户籍制度，不能适应市场经济发展的要求。因此，必须改革现行户籍制度，疏通大学生城乡之间、各省之间合理流动的渠道，使劳动者可以在各地区之间自由流动，劳动力市场也可以通过价格机制在全国范围内对劳动力进行合理配置。最后是要精简机构，改变当前劳动力市场部门分割管理的现象，整合行政资源，合并工作重复的相关部门，填补就业工作的"真空地带"。

总之，要按照市场经济发展规律，消除各种体制障碍，消除劳动力市场的制度性分割，使劳动者在全国范围内得到有效的配置和利用。

2. 建立劳动力市场信息平台

劳动力市场是一个典型的信息不对称的市场，这是导致劳动力市场失灵的原因之一。我国地域辽阔，地区发展水平差异大，这给劳动力市场信息的传播带来了更大的挑战。而

且一些高校和地区的上报数据透明性不高，公开性较低。劳动力市场的信息不对称使人才供求双方出现矛盾，而且使学生和家长对于专业选择发生错误的估计。为了避免这些现象的发生，应该建立起开放的、共享的、准确的劳动力市场信息平台。首先，要建立劳动力市场信息网络系统。在目前情况下，高校毕业生市场竞争日益激励，建立劳动力市场信息网络系统不仅必要而且更加迫切。劳动力供求信息网络能够为高校毕业生提供最多的机会，减少高校毕业生就业的盲目性，实现供需均衡。对各地劳动力市场进行动态跟踪，把握市场需求脉搏，有利于用人单位及时发现人才信息，大学生及时了解市场需求动态和企业用工信息。其次，要建立统一的完全性劳动力市场，实现宏观经济政策与统一的劳动力市场建设相协调。建立统一的完全性劳动力市场，是实现人力资本有效配置、促进就业增长的前提。在区域发展政策、产业发展政策、所有制结构调整政策、城镇化政策等宏观政策中，都要把有利于形成统一的劳动力市场作为重要因素考虑，打破地方保护、行业保护等。同时要创立一种富有活力的劳动力市场调节机制，为未来的劳动力市场发展，实现市场主体的公平竞争奠定基础。

（三）完善就业指导体系，提高高校毕业生就业能力

随着我国就业制度改革和高等学校毕业生供求矛盾的变化，促进高校毕业生就业已经成为高校的一项基本职能和社会责任。高校在高校就业服务工作中起到了积极的作用，具体表现为在国家各项政策指导下，主动与用人单位联系，帮助大学生实现更好更快的就业。在高校毕业生就业过程中，高校一直都是积极的主力军。从高校角度讲，应该通过提升高校就业能力，深化人才培养模式改革，强化高校就业指导职能，加强创业教育等多种途径来促进高校毕业生就业。

1. 培养大学生创业意识和创业能力，提升高校毕业生就业能力

高校承担着为国家培养有用人才的重任，人才能否被社会所需要成为衡量学校办学水平高低的标准。大学生毕业后依靠自己的实力自主择业，而这一实力则来自在高校所接受的教育和培养。自主择业的就业制度是对学校的专业设置、学术和教学水平、教育管理水平的重大考验。高校就业不仅关系大学生的切身利益，也关系高校的发展。解决高校就业问题的关键在于重视教学质量的提高，提升大学生的就业竞争力。

创业教育已成为高等教育改革与发展的全新理念，在高校中培养学生的创业能力尤其重要。只有具备创业能力，毕业生才能从被动的求职者变为主动的创业者，从毕业后寻找工作转为自己创造就业机会。大学生创业，不仅解决了自己的工作问题，而且还能够为社会提供大量的工作岗位，促进经济的发展。实施创业教育，可以在一定程度上缓解就业压力，为解决高校就业难的社会问题找到一条出路。因此，发挥大学生的积极性和创造性，引导和支持他们进行自主创业，就成为高校解决就业问题的一条出路。

当前我国的创业教育还处于起步阶段，仅有少数几所学校将创业教育纳入教学体系中，无论从教学内容还是教学方式与形式上都有很多需要提升的地方。党的十七大提出了"实

施扩大就业的发展战略，促进以创业带动就业"的号召，国务院及地方政府相关文件制定了关于鼓励和支持高校毕业生自主创业的相关优惠政策。政府和学校对大学生创业给予了一定程度的政策扶持和帮助，除了外界的支持因素，高校内部对创业教育的改革也是势在必行的。要做好大学生的创业教育工作应从以下几方面入手：

首先，强化大学生创业意识。高校应当把大学生创业教育作为就业工作的重点，加强创业政策宣传，深化教学改革，指导学生树立自主创业的职业意识，鼓励学生创业。创业意识的培养，要贯穿高校教育的全过程，融入大学生生活的方方面面，形成全过程、多方面的创业指导和教育局面。加强对学生自主创业的引导教育，让学生充分认识到创业的意义，培养他们自强自立意识、风险意识、拼搏精神和艰苦奋斗的作风，以此强化他们的自主创业的意识和能力。

其次，营造大学生创业氛围。一方面，高校应把创业型人才的培养作为目标来抓，大力提倡创业教育，从领导到教师，都要重视创业教育；另一方面，学校要积极引导和扶持在校生的创业活动，营造积极创业的校园文化。例如，举办创新创业竞赛，邀请企业家做报告，设立创业标杆，形成浓厚的校园创业氛围，以此激发学生的创业热情和愿望。

最后，设置大学生创业教育课程。高校应根据需要，设置大学生创业指导课程，加强大学生创业技能的训练与创业能力的培养，使大学生在观念意识、思想素质、知识结构、心理素质等方面进行必要的准备，具备良好的创业素质。在课程设计和教学模式方面，高校除了通过开设创业课程向学生传授一般性的创业知识之外，还要将专业课程、实验与实践活动融会贯通，大力开展创业讲座、创业论坛、创业竞赛、课题研究、创业体验等形式多样且内容丰富的创业教育活动。

2.完善高校就业指导体系

（1）重视就业指导工作。高校在就业指导工作方面，既要做好教育教学工作，更要把大学生顺利输送到社会中去，成为有用之才。高校在学生入学之初就应树立为学生服务的思想，一方面对其进行文化传播和道德教育，另一方面对其进行全程的就业指导和服务。重视就业指导工作，首先要建立一支高素质、专业化的就业指导教师。就业指导工作的性质和任务，决定了从事这项工作的队伍在结构上应体现出跨专业、跨部门、专兼结合的特点。因此，应该改变以往由后勤人员管理的状况，以就业服务指导人员的职业化、专业化、专家化为目标，加强队伍建设，吸引富有创新意识和敬业精神的优秀人才从事就业服务工作。同时，高校领导不仅要把就业指导工作作为日常工作来抓，而且要作为一门科学去研究，使高校就业指导工作逐渐走向科学化、规范化和系统化。其次，就业指导工作不仅要针对即将毕业的大学生，而且要面向所有大学生，刚入校的新生也应接受就业指导。这样可以尽早了解本专业特点，制定适合自己的职业生涯规划，根据职业发展规划有针对性地积累知识和技能。最后，就业指导工作要联系实际，根据实际情况高校选择就业指导工作的形式，可以采用面对面沟通、电话沟通，也可以利用网络进行在线交流。联系大学生就业实际，成立专门的就业服务大厅，使学生在就业过程中，遇到问题时能得到"一站式"

的就业服务。

（2）强化就业指导职能。在毕业生就业工作中，引导大学生树立正确的职业理想和择业观，是就业指导工作的一项重要内容。在当前的就业形势下，高校应当建立各部门相互协作、全员参与的就业工作机制，完善就业指导和服务工作体系。通过构筑和完善高校全程化就业指导体系，实施就业导师制，多角度、多形式、多渠道地为毕业生开展各项就业教育指导，提高毕业生就业能力，能够让毕业生有效地参与就业市场的竞争。

在新生入学后，要进行职业和专业的教育，让学生了解自己所学的专业，了解将来可能从事的职业范围和将要承担的社会角色；并根据个人的性格特征、兴趣爱好和专业特长来确立起自己的职业理想。在学生对各专业方向有一定的了解的同时，学校还应帮助他们建立发展性生涯辅导，帮助其进行职业生涯规划；开设就业指导课程，使他们形成健全的职业形象，培养良好的职业决策能力。高校还应充分发挥网络作用，开通咨询热线，快速全面地指导学生。同时，高校还应利用社会资源，采取多种形式提高就业指导工作的针对性和有效性。

高校就业指导能使学生获得必要的就业能力和在社会的生存能力，在指导过程中不仅要为毕业生的有效就业提供必要的帮助，更要为大学生提供可持续发展的终身就业能力。高校就业指导工作要向更高阶段方向发展，培养大学生可持续发展的就业能力，就必须强化就业指导职能，使就业职业指导转向职业生涯辅导，就业指导工作成为指导学生获得一种就业能力和在社会中的生存能力。大学生能了解社会职业特点，发现自己的不足，明确努力的方向，增强求职自信心，提高就业素质。

（3）完善就业指导内容。目前许多高校的毕业生就业指导都处在应急式阶段，没有能够把就业指导与大学生的职业生涯规划和发展有效地结合起来；为毕业生职业生涯发展中实现人职匹配而开展的个性化指导、测评等服务和帮助不够，创业教育在就业指导中的重要性没有得到切实重视。结合学生个人职业规划体系的构建，相应的高校就业指导工作的内容也需要重新界定和构建。

坚持"全员指导、全程渗透"的原则。高校的就业指导课程可以从新生入学时开始设置，根据年级特点安排就业指导的时间和内容，把就业指导贯穿于大学生生活的全过程；把就业指导工作渗透学校教育管理、教学服务的全过程，形成全员参与、齐抓共管的良好氛围和工作机制。帮助大学一年级新生认识本专业特点以及社会上相应的职业；使大学生知道本专业未来的发展前景，能够让学生确定合理的人生定位，为将来的职业生涯规划做好准备。大学二年级、大学三年级要激励学生刻苦学习，夯实基础，分析自我优势和劣势，通过专业技术基础的调适，培养和发展与其职业目标相适应的素质或对其职业目标做出调适。大学四年级学生进入了毕业阶段，高校主要在职业价值观的引导、就业形势、信息服务、政策咨询、商谈技巧、心理调适等方面，针对高校毕业生择业期的问题进行择业指导。通过全程化的就业指导，让学生能够很客观地评价自己，从社会需求的实际出发择业，不会盲目地选择高薪职业。提供更加全面的就业信息。高校一方面要为学生提供用人单位的需求信息，包括需要人数、毕业生的层次、专业类型和其他要求，以及用人单位自身的情况，包括经营规模、经济效益、发展前景、薪金待遇等；另一方面也要为用人单位提供毕业生的求职信息，包括学生的专业信息、个人素质、能力特长和就业要求等。

就业指导工作是一项长期性的系统工程，需要社会各界及学校、学生的共同参与配合。辅助这项工作的人员除校内的专业教师、学校行政人员、学生自我组织和各种社团之外，校外的专业学会、政府有关部门、各行各业的代表组织以及各种校友组织、企业、用人单位等都要共同参与。通过培训、讲座、研究、咨询等方式，将社会各界的专业知识、经验、信息和资源综合加以运用，构成全方位、立体式的就业指导体系。

高校就业是一项社会管理与公共服务工程，需要社会各个方面的极协作和配合，只有借助政府的支持，同时有效协同与社会、高校之间的责任关系，共同发挥功效，才能真正完善高校毕业生就业制度，解决高校毕业生就业问题。促进大学生充分就业已经成为政府、社会、高校、学生等各方共同的目标与行为追求。政府具有宏观管理、规划、调控、监督等职能，对高校毕业生就业制度有着决定性影响。高校和社会中介机构、用人单位等也都是能动因素，它们之间紧密关联，互为因果，共同构成了高校毕业生就业保障体系。政府作为各项就业政策的制定者和实施者，要牵头示范，并积极引导各责任主体明确自身职责，逐步构建起以政府为主导的就业促进体系，以社会为依托的就业支持和以高校为核心的就业服务，建成全社会力量共同支撑的高校毕业生就业制度体系。当前，政府在保障就业方面发挥了主导和积极的作用，高校也积极充当主导和促进就业的角色。社会各方面的态度也越来越积极，对高校毕业生就业发挥了不可低估的作用。

第四章 高校就业思政教育

第一节 高校就业中的思政教育问题

2018年我国高校毕业生人数达到820万，这是自2001年以来连续17年的持续增长，而据预计，2021年高校毕业生人数将增长至909万，这对高校就业工作带来了重大挑战。习近平总书记在党的十九大报告中指出："就业就是最大的民生""要提供全方位公共就业服务，促进高校毕业生等青年群体农民工多渠道就业创业。"目前高校在对大学生就业指导方面，以课堂思政教育为主。通过分析高校就业形势，了解大学生就业思想状况，帮助其顺利就业。这是高校教育工作的重中之重。

随着高校毕业人数的逐年增多，就业难度持续加大。"最难就业季"等类似标题更是屡屡见诸各类媒体，给高校毕业生带来更大的压力。高校应充分运用自身优势，将用人单位、应届毕业生信息等综合考量，分析大学生的就业需求，有针对性地对大学生提供就业指导，让大学生在就业时对自身需求和用人单位需求有更加清晰和准确的认识。

一、高校就业形势

（一）高校毕业生人数持续增多，就业难度加大

随着我国主要矛盾的变化，我国经济增长方式已经从初期的重速度、重规模转为重质量、重平衡，并加快了供给侧结构改革。这一转变使得企业对高精尖技术人才的需求增加，而对一般劳动力型人才的需求减少。很多企业甚至出现裁员的情况，使高校毕业生的就业难度增大。

（二）高校毕业生就业意愿多样化，逃避就业难题

一方面，高校毕业生虽然逐年增多，而其整体素质和专业能力却未能随之增强，作为"90后"大学生，思想意识和消费水平都比较超前。走向社会后，对用人单位较为挑剔，参加工作的意愿不高；出现没有转变思想，不愿面对社会的挑战和依赖家人的心理。这也导致应届毕业生出现逃避就业，或者在就业时挑三拣四的现象。

另一方面，如今社会生活成本提高，高校毕业生平均工资水平不高也是高校毕业生不愿就业的一个原因。

二、当代高校毕业生就业思想现状

（一）对薪酬的期望过高

如今，社会经济消费水平日益提高，部分大学生过惯了高消费的生活。当大学生毕业后最初进入社会，收入有限，想要维持原有的消费水平有一定难度；而大学生们刚刚走出校园，工作经验不足，在企事业单位中往往担任基础工作，薪酬方面也低于预期。

在薪酬待遇方面的期望是大学生投入社会、参加工作的物质动力，而现实情况打击了大学生的就业热情。

（二）缺乏就业自信

"最难就业季"的频频出现，也在一定程度上反映了如今高校毕业生就业难的问题，也给大学毕业生带来了恐慌心理。"我能找到工作吗？我的薪酬待遇怎么样？我能养活自己吗？"这些问题都给高校毕业生端正态度、理性择业增加了难度，也给学生带来了心理压力。

（三）就业存在功利化倾向

职业本没有高低贵贱之分，但是由于职业的社会需求及薪职待遇的不同，让大学生在就业时把目光纷纷投入企事业单位、大型城市和东部沿海等经济发达地区。

这种现象是就业不均衡的一种体现，就业集中扎堆，在公务员考试中几万人争抢一个岗位的现象屡见不鲜，而偏远地区却难以留住人才。这一方面导致应届毕业生选择面过窄，另一方面也不利于我国的经济健康发展，这是高校大学生就业存在功利化倾向的一种体现。高校在指导学生就业时也应加强对其社会责任感和主人翁意识的培养，鼓励大学生到国家建设最需要的地方去。

（四）诚信品质不足

流动性大、缺乏踏实勤奋的精神是高校毕业生就业时的常见问题。走出校园，踏入社会，困难和挑战在所难免。一旦遇到难题、期望未达到就要辞职，动辄就违约，这导致用人企业对应届毕业生的诚信提出质疑。在很多招聘公告中明确提出，对应聘者的工作经验、熟练度提高了要求，这也成了高校毕业生的一大难题。

三、高校就业指导中融入思政教育问题路径探析

（一）拓宽高校就业指导领域

高校多方位地对高校大学生进行深入的就业指导，拓宽就业指导的领域。高校就业指导从课堂走向校园的初步实践，从校园走向社会，根据大学生专长和兴趣，创造条件，让大学生到社会各行各业深入实践。以就业指导教师为中心，辅导员和班主任协助，积极引

导，广泛开展各种形式的就业指导课程和培训实践课程，力求提高高校毕业生就业率。

高校思政教育工作要贯穿于大学生日常的在校学习中，通过教师的引导、优秀毕业生的事例宣讲等活动，有利于大学生树立正确的就业理念。高校积极宣传国家的就业政策，组织大学生去基层考察，去农村体验生活；去西部感受用人单位的需求和人才施展才能的空间；或者去部队调研。通过这些活动，高校鼓励大学生把就业视野拓宽，树立崇高的社会理想。让大学生明白新一代知识分子需要肩负的社会责任，并付诸行动，为建设祖国做出贡献。

（二）重视对大学生的创业精神和就业能力的培养

培养创业精神、就业能力，敢于人先、发散思维、吃苦耐劳、踏实勤奋的精神，是高校就业教育中重要的一课。强化培养学生的创业能力，要着重培养学生的实践能力。这就要求在求学阶段，大学生要积极参与科研工作和社会实践经验，到相关企业进行实习等，为独自创业积累经验。

高校把创业和就业能力的培养结合起来，让大学生在理论知识的学习之外掌握技能，成为他们走入工作岗位的重要助力。高校积极提供帮助，时刻把握用人单位的市场前沿信息，了解行业动态，大学生创业和就业才更有针对性，提高成功率。

（三）加强高校大学生的思政教育

在大学教育中重视就业指导和思政教育，有利于大学生树立理性就业理念，正视用人单位及自己的实际情况，更有的放矢地处理就业问题。让毕业生在就业时更加理性，能综合运用各方有利条件，提高自己就业的成功度。

优秀毕业生的就业领域和经验也可以有效地指导应届毕业生，高校应充分发挥其积极带头作用，为大学生树立正面典型。

（四）营造良好的就业舆论

高校教师是大学生在校接触就业的第一窗口，其社会阅历、自身视野及人格魅力也对高校就业观有不同程度的影响。高校要充分利用自己的优势，邀请知名企业和优秀毕业生来校进行事例宣讲，介绍自己的需求和成才过程，脚踏实地，从平凡的岗位做起，力求进步。

高校作为高等教育机构，要引导大学生一分为二地看待社会上的"成功"，把个人的成功以发挥自身价值、服务人民为基准，引导大学生树立正确的就业观；而在运用科技方面，大学生有快速掌握网络技术的能力，他们大多可以熟练运用各种移动终端平台，理解吸收能力也较强。高校要充分利用这些移动终端平台，通过移动终端平台对学生加强教育，引导学生用双手创造价值，在自己的岗位作出成绩。

（五）正确认识自身能力和需求

应届大学生刚刚走出校园，对择业市场认识不够全面。高校可以根据学校往年的就业信息，并向毕业生们以调查问卷、电话访问等形式搜集信息，掌握就业的市场动态，使大学生及时了解最新的就业信息。

同时，正确认识自身能力和需求也很重要。部分大学生在就业时，由于缺乏社会经验，往往有求快的心理而盲目就业。因此，高校的思政教育中要加强大学生对自身职业生涯规划的指导，可以使大学生在就业时有清晰的自我认识，进而更有方向地选择自己心仪的职业。

（六）提升大学生的社会责任感

在指导高校就业时，高校要积极引导毕业生去一些经济发展较为落后的地区，为当地的发展做出贡献。经济发展较为落后的地区更需要人才，也给人才成长提供了充足的发展空间，这也给大学毕业生们带来了新的发展契机。高校大学生拥有知识和能力，在高校引导下，可以快速了解国家政策和发展规划，了解哪里需要人才，哪里是自己的新天地。

高校大学生作为高知识型人才，只有去祖国最需要的地方才能最大限度地发挥自己的价值，既能拥有更加广阔的发展平台，也更有可能为社会主义建设做出贡献。

第二节　高校就业思政教育的必要性

本节以当前高校就业思政教育所面临的问题，以及高校毕业生就业难问题为研究背景，研究加强高校就业思政教育的必要性。高校通过有效实施就业思政教育，保证大学生具有良好的就业能力和高尚的道德品质，激发大学生主体意识，强化大学生对就业思政教育的接受能力，提高大学生的综合素质，达到提高高校就业成功率的目的。

思政教育是人类自身为了能够更好地生存与发展，将人作为元话语进行的科学研究与理论探索。相比于其他学科，思政不仅是一种价值观，还是一种认识论和方法论。人是思想政治的主体对象，思政教育的核心问题是关注人的培养和发展，其目的是立足于人的本性，通过思政教育促进人本观念的生成。

人本视域下的思政教育，是以现实的人及其生活世界为基点，肯定人的人格尊严、追求人的自由解放；不仅要教育人、引导人，还要尊重人、理解人，提升人的自觉性，促使人全面发展自身素养。思政教育作为一项高校思想教育活动，对大学生来说，能够加深其对自身思政教育基本理论的认识。

从理论层面来说，开展大学生思政教育课程，坚持以人本为思政教育的元理念，根本方法论和最终实现目标，有助于进一步消解思政教育与实践探索二者间的隔阂，使大学生思政教育工作更具有操作性和实践性。

在目前的经济发展新常态背景下，时代发展倡导"大众创业、万众创新"。因而，拓宽大学生等群体多渠道就业创业是当前国家建设的重要环节。高等教育是推动知识经济发展的重要力量，通过教育手段培养具有创新精神和创业能力的人才，是关乎经济社会健康发展和国家繁荣稳定的重大举措。

将思政教育工作落实到教育过程中是一种教育理念，就业教育与思政教育在目标、路径和内容前景等问题上高度统一、相辅相成。将两者结合在一起，可以提高高校毕业生就业创业能力；就业教育与思政教育的融合，对于扩展教育途径、丰富教育内容和提升大学生综合素质三方面来说是很有必要的。因此，加强高校就业思政教育，对推进高校就业教育改革进程，促进高校就业教育和思政教育双向发展具有重要作用，为深化高等教育改革提供理论和实践参考。

一、就业思政教育是实施高校就业教育的重要途径

在高校就业思政教育中，思政教育具有一定的引导作用，旨在引导大学生坚定正确的政治方向和道德方向。高校将思政教育融入就业教育中，引导大学生走好就业之路，明确合理的就业目标，培养良好的职业道德，激发出良好的团队意识。

就业教育的侧重点偏向于培养大学生的实践能力，因此加强就业思政教育，是实施高校就业教育，培养大学生的职业精神和职业品质的重要途径。

加强就业思政教育有助于大学生职业意识、职业素质和职业能力等方面的培养和提升。正确的就业意识对于高校就业来说具有重要的现实意义，能够指导大学生认清就业市场的现实情况，了解自身的优势和劣势，客观理性地面对就业问题。大学生的职业素质主要包括良好的诚信、健康的心理和高尚的道德品质。大学生所具有良好的职业素质能够保证其在求职过程中能够坚定信念、克服各种困难，提高求职的成功率。

除此之外，加强就业思政教育有助于提高大学生的就业思维能力、团队协作能力、与人沟通能力等综合就业能力，并能够通过马克思主义理论提高大学生的理论水平，培养其辩证看待问题的能力，进一步保证大学生就业的成功。

二、就业思政教育是激发大学生主体意识的重要内容

大学生的主体意识在就业思政教育中起着至关重要的作用。马克思说，"从前的一切唯物主义的主要缺点是：对对象、现实、感性，只是从客体的或者直观的形式去理解"。

从这句话中我们可以明显感受到，主体是人并且具有能动性，人在从事认识世界、改造世界的活动中，必须激发自身主体意识，才能促进人的全面发展。

当代大学生为青年主体，其成长伴随着改革开放的历史进程，承载着社会转型和多元文化的碰撞。当这个群体从自身走向社会，自身的主观意识决定其自身在社会上的行为。大学生踏入校门，正处于认知的发展阶段，表现出来积极向上的心态，此时是加强他们的就业思政教育、激发其主体意识的最好时机，使其对就业问题具有正确的认识。部分大学生只关注现实就业状况，对自身能力和职业意识不够全面，出现"以就业为本"的倾向。而高校通过加强高校就业思政教育，把握大学生成长成才的发展规律，研究当代大学生的学习方式的变化，培养他们的学习兴趣，激发他们的主体意识，充分重视网络等现代媒体

对他们的积极影响，发挥其主观能动性，实现大学生自我发展的目标。

三、就业思政教育是提高大学生综合素质的必然要求

长期以来，高校坚持素质教育，全面提升学生的综合素质，着力培养一批有理想、有道德的高素质人才。当前市场经济的发展对就业人才的综合素质提出了更高的要求，也对大学生的就业思政教育提出了更高的要求。在高校的思政教育中，主要以思想道德建设为基础，以爱国教育为重点，实现大学生全面发展。构建政治教育与就业教育是素质教育的新境界，在社会主义核心价值观的引导下，培养学生的创新精神，就业理念和就业能力，从而使原有的教育目标更加具体，培养大学生树立正确的人生观、价值观，正确处理个人与集体的关系，为以后的就业奠定坚实的思想基础，提高其综合素质。

在当今社会，就业思政教育研究已经成为"显学"，越来越多的人对此方面问题进行研究，以发挥思政教育对就业教育的引导作用。就业教育作为思政教育的理论基础，优化了思政教育学科体系、提高了思政教育发展效益。加强高校就业思政教育的研究，对大学生的综合素质和职业能力具有重要影响。

通过多个角度对加强高校就业思政教育的必要性进行分析，得出就业思政教育是高校实施大学生教育的重要途径的结论。并且就业思政教育中包含的重要内容，能够激发大学生的主体意识，提高其主观能动性，促进大学生的自我认知。在自我认知的过程中，不断提高认识自身的能力，与当前的就业市场相匹配，确保大学生能够成功求职。

第三节　高校就业指导中的思政教育工作

随着我国社会经济的迅速发展，如今越来越多的高校毕业生加入了人才市场的激烈竞争中，就业形势不容乐观。高效毕业生是具备充分知识和专业技能的高素质人才，是社会发展的重要推动力量之一。因此，面临严峻的就业环境，高校必须要将毕业生就业指导工作与思政教育工作有机结合，充分发挥思政工作的特点和优势，以帮助高校毕业生解决就业过程中面临的困难和思想困惑，做好应对就业问题的充分准备。本节首先分析了思政教育工作对于高校就业指导的意义，其次提出了就业指导中思政教育工作的一些优化措施的建议。

一、思政教育工作对于高校就业指导的意义

目前国内越来越多的高校通过合并扩张等方式来扩大规模与招生人数，同时由于高等教育的社会化，更多的人有机会通过继续学习来深造和获取学位，这就导致了每年毕业的大学生人数急剧增多，就业形势愈发严峻。与经济一同发展的还有人们思想观念的转变，

特别是大学生的思想观念不断发展，但其择业观与就业观还存在着一些认识上的不足。大多数人认为大学毕业一定能够找到满意的工作，而现实情况却比学生们预想的要严峻许多，市场需求往往才是就业的导向，在一定程度上增加了大学毕业生们的就业压力，因此就需要思想政治教育工作来帮助即将毕业的大学生树立正确的就业观与择业观。能够影响高校就业的因素，除了教育改革方案的施行、社会环境的改变等客观原因外，还受到大学生自身行为观念的影响。而这些存在于大学生心理、思维领域上的问题，就需要思想政治教育去解决。所以说思政教育工作在高校就业指导中有着十分重要的地位，高校相关负责人必须要加以重视，充分发挥其重要作用，帮助大学生顺利就业。

　　高校设立毕业生就业指导课程是为了更好地解决大学生的就业问题，也是大学生工作的重点之一。出于就业形势和就业压力等方面的考虑，大部分高校只重视就业必需知识的教授、就业技能的培训、就业信息的分享和发布、就业常见问题的解答和就业政策的解读等较为实用的方面，而忽略了对毕业生的思政教育，即将毕业的大学生在面临就业时缺少了理论方面的正确引导，出现一些思想行为方面的错误，例如心浮气躁、反感上级的安排、抗挫折能力差、纪律与法治观念淡薄、缺少诚信意识等等。而高校就业指导中加入思想政治教育则能够通过课堂教学、模拟实践等方式来给予大学毕业生精神与理论方面的引导，从多方面综合提升大学生心理素质，减轻其毕业压力与就业压力，纠正其错误行为，增加其就业成功率。同时还可以对毕业生的就业理念进行全面评估并给出一些建议，引导他们找到适合自己的工作岗位，从而更好地展现个人价值，实现理想抱负。思政教育工作与就业指导工作的结合十分有益于学生正确择业观、就业观的树立，也能够帮助学生们明确就业目标和就业选择，及时发现和干预毕业生在就业过程中出现的心理问题，同时加强法治教育，增强学生法律意识，让学生们在遵纪守法的同时保护好自身，不被虚假招聘信息所蒙骗。

二、如何优化高校就业指导中的思政教育工作

（一）提高对学生就业思政教育工作的重视程度

　　优化高校就业指导中的思政教育工作，首先就需要高校提高对思政教育工作的重视，建立起完善的工作体制和管理体制，将毕业生就业指导工作与思政教育工作统筹安排，发挥出思政教育工作在就业指导中的重要作用。其次，高校需要建立起一支知识储备丰富的思想政治教师队伍，因为教师团队的素质和技能高低直接影响到思政教育工作的效果。高校若想真正重视起就业指导中的思政教育工作，就必须充分整合教师力量，组建出有实力和水平的思政教师团队。

（二）在专业教学中渗透思政教育

　　高校就业指导中的思想教育工作要将思政教育同大学生的专业教育相结合，这样能够更加贴近学生实际。教师在教授专业课程的同时向学生渗透所学专业的相关就业范围，

以及专业相关行业的发展前景、人才需求趋势等等，从而鼓励学生们热爱所学专业，提前了解就业信息，初步树立就业目标。高校通过思政教育强调所学专业的使命感与自豪感，坚定学生们的职业理想，从而避免就业时学生因不了解专业前景与就业知识而产生困惑的现象。

（三）完善高校就业指导中思政教育的内容与方式

高校就业指导中思政教育工作内容包括择业观、就业观的树立，以及人生观、世界观、与价值观的培养。除这些基本思政教育内容外，高校还可以结合当下实际来向学生教授一些就业方面的经验，通过具体事例来加深学生对教学内容的印象。教学方式则应改变传统的课堂灌输形式，增添一些社会实践活动和实习活动，不断创新和丰富就业指导中思政教育工作的途径，将理论知识与实际应用相结合，避免出现所教知识与现实相脱离的情况。学校、家庭和社会应当是合力帮助大学毕业生尽早适应社会环境，解决就业问题的。因此，思政教育工作也应从这几部分开始进行渗透，进一步丰富教育内容与教育途径，将就业指导与日常教育联系起来。

随着大学毕业生就业压力的不断增大，高校在开设就业指导课程的基础上对大学生开展了思政教育，帮助毕业生树立起正确的择业观与就业观，在保证工作理念不变的同时不断优化工作方式，从而增强思政教育工作在高校就业课程中的针对性与实用性。从多方面提高高校就业能力，减轻就业压力，让大学生在激烈的人才竞争中始终保持良好的精神心态，实现职业发展与自我价值实现。综上所述，思政教育工作能够在一定程度上解决高校就业中面临的困难，高校需要进一步研究与优化思政教育在就业指导中的实际应用与开展，从而保证大学生的顺利就业。

第四节　高校就业教育与思政教育的融合

高校思政教育作为就业教育的主要载体，加强大学生的思想整治教育，能够纠正学生的从业观念、转变其思想存在的偏差；而就业教育则是充实大学生思想政治内容的有效手段，因此两者在教学实践中具有高度契合性。所以，高校就业教育要想与思政教育有效融合，就需要将思想教育贯穿于就业指导中。在把握高校思政教育内涵的基础上，加强对大学生的理想信念教育、职业道德教育、诚实守信教育以及艰苦奋斗教育。

高校就业创业形势关系着我国经济的发展与社会的稳定，基于这样的背景，在高校就业创业指导或教育中，加强对大学生的思政教育，有助于引导大学生树立正确的就业观，对其辩证的认识当前的就业形势，合理选择职业具有积极意义。然而，在目前高校就业教育中，却依然存在功利性，或者是只注重大学生就业技能的培养，并没有将大学生的思想素质与能力素质相结合，难以实现创业型人才的教育和培养。因此，在新时代下的高校就业教育，教师要充分认识到就业教育与思政教育之间的内在联系，明确思政教育对大学生就业创业指导的重要性，从而将就业教育与思政教育有效融合；在全面促进大学生道德素养提升的同时，提高大学生就业能力、创业能力与素质。

一、就业教育与思政教育的内在联系

（一）理想信念教育是就业教育的主要内容

理想信念教育是大学生思政教育的起点，在新时期的新形势下，将理想信念渗透就业指导是高校思政教育的主要任务。在如今的社会主义市场经济体制下，传统的"统分统包"已转变为当今时代下的"自主择业"。基于这样的时代背景下，理想信念作为引领学生就业创业的"指路牌"就显得尤为重要。加强对大学生理想信念教育，能够让大学生尽早地思考"自己想成为什么样的人""自己能成为什么样的人"，又或者是"这个社会需要什么样的人"。让大学生能够在思考中，明白自身的优势与不足，根据自身的实际情况来选择行业。从而培养大学生积极乐观的心态，使其以最饱满的状态去迎接市场的考验，并始终坚定"持续奋斗、成就自我"的理想信念。而就业教育也能发挥思政教育中"典型案例""反面警示""目标牵引"等功能。在高校就业教育过程中，通过为大学生解读一些成功人士的就业、创业历程，并组织大学生开展就业考察与市场调查活动。在这样一个过程中，除了能够让大学生明确目标、坚定信念、努力拼搏外，还能够让大学生意识到成功背后所有付出的汗水与艰辛。从而使其能够树立正确的理想信念。

（二）职业道德教育是就业教育的核心要求

高校思政教育的主要目标之一就是要培养大学生在事业建设中的思想道德素质，而在这些道德素质中，最基本的就是职业道德。在思政教育中，大学生职业道德的培养，无论是对社会还是对大学生个人都具有重要的意义。从目前高校毕业生就业情况来看，部分毕业生在步入工作岗位后，由于职业道德的缺失，部分大学生会表现出急功近利、浮躁等问题，缺少工作中最基本的责任感与务实精神。这样一种现象，一方面既挫伤了企业接受应届毕业生的积极性，另一方面对于大学生就业也造成了不良影响。所以，职业道德教育作为高校就业教育的核心内容，教师要意识到道德才是大学生的成才之本、立身之要。因此，在思政教育中加强对大学生职业道德的培养，是就业教育中的核心要求；而在高校就业教育中，教师也要让大学生意识到职业不只是生存与发展的手段，成就自我的途径，更重要的是展示自我道德素质、品行的舞台。

（三）诚实守信教育是就业教育的现实要求

长期以来，社会的进步与发展，除了依靠广大人民群众的不断奋斗和不懈努力外，更重要的是诚实守信的优良品质。高校作为人才输出与思想道德建设的主要窗口，加强大学生的诚信教育具有重要的现实意义。而当今时代下，无论是就业还是创业，诚实守信已经成为评价一个人或一个企业的主要标准之一。针对目前部分高校毕业生在就业或创业过程中存在的不守信用、不遵承诺等诚信问题。因此，在思政教育中，需要加强对大学生诚实守信品质的培养。在就业教育中，要让大学生明确市场对诚实守信的现实要求，将诚实守信教育贯穿于就业指导的整个过程中。通过加强思想政治上的引导，以巩固大学生走入职场的"第一道防线"，从而健全大学生良好的心理品格与社会人格，让大学生能够在激烈的市场竞争中谋发展。

（四）艰苦奋斗教育是就业教育的内在要求

在经济全球化发展的同时，全球各种思想文化的不断涌入，使得各高校中出现一种"读书无用论"或只讲"钱途"的消极、拜金主义思想，导致了部分大学生价值取向扭曲，缺乏艰苦奋斗的精神。习近平总书记曾指出："现在，我们比历史上任何时期都更接近实现中华民族伟大复兴这个目标，比历史上任何时期都更有信心、更有能力实现这个目标。梦在前方，路在脚下。实现我们的发展目标，需要广大青年锲而不舍、驰而不息的奋斗。""广大青年要牢记空谈误国、实干兴邦，立足本职、埋头苦干，从自身做起，从点滴做起，用勤劳的双手、一流的业绩成就属于自己的人生精彩。"无论是哪一个行业，艰苦奋斗永远是行业的内在需求，更是一种珍贵的精神财富。面对传统大学生思政教育中存在的问题，通过开展创业先进个人事迹报告会、高端讲坛或者是邀请企业家进校园等就业教育活动，以此激发大学生在就业、创业中艰苦奋斗的热情。培养大学生要靠自己的努力不断突破自我与实现自我的意识，从而进一步强化思政教育中的艰苦奋斗教育。

二、就业教育与思政教育的融合路径

面对新形势下高校就业所呈现的新问题和新特点，教师需要对这些问题进行深入研究，把握就业新特点，才能够有效地在就业教育中对大学生开展思想政治工作，达到思想政治与就业教育互相融合的目标。

（一）思政教育要伴随职业指导全过程

目前，高校就业指导最为明显的特征就是就业指导实现向职业指导的转变，前者是以帮助大学生快速就业为目标，而后者则更倾向于为大学生"量身定做"。高校通过对个体差异进行评价和权衡更注重"因材施教"，也就是对大学生终身从事职业进行指导。但激烈的市场竞争与和残酷的就业形势，让很多高校和大学生感觉到毕业前的就业指导效果不佳。所以，为了有效缓解当前高校就业难的问题，除了在宏观上需要靠国家政策支持以外，更重要的还是要学校在微观上制定可持续发展的就业指导方案。高校将思想政治贯穿于大学生职业生涯规划、就业指导全过程中。

例如，广东、江苏等省的部分高等院校，在 2005 年学生入学时就为学生开设了职业生涯规划类的相关课程，让大学生能够尽早明确自己所学专业的职业取向。而对于一些相对冷门或职业需求有限的专业，教师则鼓励大学生进行第二学位的辅修，通过这样的方式，使大学生取得了较好的就业效果。这些成功的实践表明，在就业教育中，要及时将思政教育工作贯穿于就业指导中，及早地开设就业指导相关课程，并以思政教育作为指导，从而避免就业教育单方面的灌输，有助于大学生尽早树立正确的就业观，并提前设定好职业目标与职业规划。

（二）思想政治工作要与大学生就业实际贴近

目前针对高校教学水平的评价标准仍然是以大学生就业率作为关键指标之一，因此学校的重点工作主要是围绕着大学生能够顺利就业来开展。所以，高校在对大学生展开思政教育时，也要紧紧围绕着职业指导的环节来展开，将与大学生未来发展与利益相关的"职业观、择业观和就业观"作为教育的出发点，充分发挥思政教育在就业指导中主阵地、主战场以及主渠道的作用。

在就业教育的过程中，针对目前普遍存在的高校就业难问题，可以通过个案分析的方式或者邀请一些成功的企业家等进行现身说法的形式，针对大学生的就业观、择业观或者成功观等进行教育。同时，加强对大学生艰苦奋斗精神、团结协作精神、吃苦耐劳精神以及自我牺牲精神的培养；帮助大学生确立爱岗敬业、诚实守信等良好的职业道德观念。除此之外，还需要帮助大学生明确职业方向，向大学生普及岗位知识和职场文化，提升大学生职业技能等。而在完成教学计划的基础上，加强大学生职业兴趣的培养，挖掘大学生的内在潜力，并较创新创业课程纳入高效就业教育课程中，开设行业、企业优秀人才创业课程。

（三）思想政治要与其他工作形成合力

针对当前高效创业教育存在的"功利化"、过分强调"自我包装"的倾向，在对大学生进行就业指导时，教师需要把握以下几个重点。首先就是要坚持以人为本的就业指导原则，多为大学生办实事，重点突出就业指导中的理想信念教育，促使大学生形成正确的就业观。其次，加强对高校就业形势政策上的教育，让大学生能够掌握职场发展趋势。最后就是要加强大学生诚实守信教育和职业道德教育，从而避免大学生在就业中存在学历造假、简历造假或其他失信行为，培养大学生高尚的道德情操，帮助大学生树立正确的价值取向。同时，创业教育也尤为重要，通过对大学生进行国家就业、创业政策的宣讲，鼓励和支持大学生自主创业，或者在就业过程中，以积极的心态去看待企业在人才选择上存在的各种问题。更重要的是，在大学生教育实习、设计操作以及论文撰写的过程中，要将思政教育贯穿于其中，引导大学生正确处理"工作成绩与学习成绩""个人能力与社会能力""社会发展与专业需求"的关系，以培养大学生优良的道德品质。

总而言之，时代的发展和社会的需求，高校就业教育必须与时俱进，将思政教育融入就业指导过程中，才能够满足社会对人才培养的需求，从而解决高校毕业生就业难的问题。这就需要教师充分了解与掌握就业教育与思政教育的内在联系，才能更好地将两者融合。

第五章　高校思政教育对大学生就业的影响

第一节　以就业为导向的高校思政教育

大学生的综合素质以及心理健康水平都会给大学生的就业方面带来直接的影响，本章对以就业为导向的高校思政教育功能进行探讨，并对以就业为导向的高校思政教育教学过程中存在的问题进行分析，同时提出相应的建议以对提高大学生思政教育效果进行参考。

一、以就业为导向的思政教育功能

（一）培养大学生正确的就业观与择业观

在进行职业规划的过程中，高校中的部分学生不是以自身特长和兴趣出发，只是偏向于高薪酬的工作，对自己的职业和人生没有规划。所以，为了能够更好地纠正其错误观念，高校可以开设一些与就业相关的思政教育课程，让这些大学生能够对自己的实际情况有更加深入的了解；从而也有利于社会稳定地向前发展，让更多的人才能够在其擅长的领域发挥作用。

（二）培养大学生的就业心理素养

社会上存在的部分大学生就业困难的现象与其心理因素有一定关系。为了确保大学生能够拥有正确的择业观和就业观，高校需要对这些大学生进行更加贴近生活的培训，关注大学生的心理健康。这样才能让这些大学生对自己从事的职业持有正确的态度和对社会有更加客观的认识。

二、以就业为导向的高校思政教育存在的问题

（一）缺乏系统化教学内容

目前我国正在飞速发展，各行各业间的竞争越来越激烈，大学生就业面临的压力也在逐渐增大。尽管高校的思政教学内容有所增加，但是教学内容还是非常零散，随意性很大，并且主观性也很强。

（二）就业教育方式较为单一

由于长期以来受我国的传统的灌输教学模式的影响，目前高校思政教育课程所带来的教学效果不够理想。同时这些思政课程所能够给大学生就业相关方面的指导也是极其有限的。

（三）缺乏完善的教学评价体系

目前我国一些高校并没有专门安排为大学生进行就业指导和培训的课程，也没有就业指导教育评价的科学明确的标准。教师主要是依据课堂上的表现做出对大学生个人情况，以及教育课程是否成功的判断。而这种判断方式在很多时候都是非常不准确的，并不能对教师的教学效果进行较为全面和较为详细的判断。这样就影响了教师对所开展的课程进行优化的进程，使得我国在这方面的教育不能得到较好的发展。

三、以就业为导向的高校思政教育对策

（一）提升就业教育整体性及过程性

为了提升我国高校以就业为导向的高校思政教育效果，必须要提升高校就业教育的整体性以及过程性。首先，必须要将思想政治课程教学内容加以筛选，并强化及提升教师队伍的思想素质；其次，还要增加就业政策、心理学以及社会学等相关方面的教学内容，才能将就业教育和思政教育科学有效地结合起来。

（二）开展多样化教学方式

为了提升我国高校以就业为导向的高校思政教育效果，还必须不断创新就业教育教学模式，改变传统的单一性的灌输教学模式，采用多样化的现代化教学方式，从而为大学生提供更多更丰富的教育平台，充分激发大学生学习思政教育以及就业教育的兴趣。

（三）构建更加完善的教学评价体系

我国高校在开展以就业为导向的思政教育过程中，为了提升教学质量，必须要构建健全完善的教学评价体系。高校教学评价指标评定结果，既要从专业角度考核大学生的职业能力及职业素养，还要从心理角度评价大学生的就业价值观和就业心理等方面。因此，必须要将考核标准及评价标准进行具体化及细分化。

综上所述，高校要想提升以就业为导向的高校思政教育的教学质量，必须创新教育理念，将就业教育融入思政教育课程体系；并打破传统的教学模式，采用灵活多样的教学方法，才能有效地引导大学生树立正确的就业观和择业观，确保大学生能够顺利就业。同时也能为国家培养出更多的综合型高素质人才。

第二节 思政教育对就业竞争力的影响

高等教育的发展对我国的社会、经济、文化的发展有着重要的作用，其中接受高等教育的大学生是我国现代化建设的主力军。然而，随着我国的市场经济的改革和结构调整，大学生的就业压力越来越大。因此，高校必须重视大学生的思政教育，积极采取多项教育手段，贯彻思政教育的内涵并且落实它的实际指导作用。

我国的高等教育受到国家、社会等的充分关注，加之国际教育经验的影响，高等教育已经取得了一定的成绩。虽然高等教育得到了巨大的发展，却还是存在一些问题，这是发展之路中必经阶段。高等教育的大众化让更多的人实现上大学的梦想，但是由于高校的扩招，大学生的数量急剧增加，导致大学生的总体质量没有相应提高，这一点通过对大学生在社会中的就业状况得到了印证。通过调查，大学生的思政教育的缺乏和落后是其中的一个主要原因。这反映出高校在这方面教育的投入不够，因此必须得到加强。

一、思政教育与大学生就业竞争力的内涵及关系

思政教育对大学生就业竞争力来说有着不可忽视的影响，因此了解思政教育和就业竞争力的内涵，理清两者之间的关系是十分必要的。

（一）思政教育的内涵

思政教育是是指社会或社会群体用一定的思想观念、政治观点、道德规范，对其成员施加有目的、有计划、有组织的影响，使他们形成符合一定社会或一定阶级所需要的思想品德的社会实践活动。从它的特性上来说，它具有突出的国家专有性和国家意志性。其中，国家专有性是指：首先，思政教育只有在国家形成以后才能够诞生和存在，它是社会阶级的产物。其次，它不仅仅是以国家为基础和前提诞生的产物，它还是只有国家才能够进行的实践活动，具有专属性。最后，思政教育是伴随着国家的产生而诞生的，是国家用来维护统治的工具。只要国家存在，思政教育活动就不会消失，具有国家永恒性。国家意志性是指：首先，思政教育是一个国家区别别国的主要体现，在不同的国度会产生符合本国国情的思政教育。其次，思政教育主要体现的是国家所作出的要求、主张、利益等，旨在维护国家的稳定和团结。

（二）就业竞争力的内涵

就业竞争力，社会广泛认同的定义为：在就业市场上，具有打败对手找到能够发挥自身优势、适合自己的工作岗位，能够满足用人单位以及社会需求的能力。对于大学生来说，就业竞争力强调的是大学生这个群体各成员之间的横向比较所具备的优势，它是相对的，必须有其他竞争对手才可以表现出来。具体来说，其主要包括了内部竞争力和外部竞争力。

其中内部竞争力主要包括了大学生的良好思想道德素质、较高的专业性的技术能力水平、良好的人际沟通和交往能力，以及良好的身体素质和心理素质等，这些大学生本身需要具备的竞争力对大学生走入社会，参加工作有着重要的影响。另外，外部竞争力主要是指大学生所处的环境所带来的竞争力，主要包括了学校、家庭以及社会。这些外部因素对大学生的就业竞争力的影响很大，例如就学校来说，我国大部分的企业的招聘活动都喜欢到名牌大学去开展；从另外一个角度来看，就是大学生所读的大学对大学生未来的就业有很大的影响。

（三）思政教育与就业竞争力的关系

大学生的思政教育关乎其就业竞争力，思政教育的水准对于大学生的发展来说是至关重要的，必须找出两者内部的联系，才可以确定教育方向。两者的关系可以从三个方面来讲：首先，思政教育是提升就业竞争力的必要条件。由上所述，我们可以知道大学生的就业竞争力中内在竞争力极为关键，它包含了个人道德品质、技能运用水准、交流和展示自我的能力以及身体和心理的承压能力等多项内容。这些能力的提升是以思政教育为基础，使得大学生的思想政治素质成为其核心竞争力。其次，大学生的思政教育中应该发挥它在就业竞争中的指导作用。思政教育的本质属性是实践性，在实际生活中表现为和实践的相互结合、相互渗透，对于大学生就业竞争力来说，思政教育可以结合大学生的实际对其就业竞争力的培养发挥作用。最后，思政教育可以将就业竞争力作为试金石来检测最终的教育效果。

二、思政教育对大学生就业竞争力的作用

思政教育对大学生的就业竞争力的提升作用巨大，对大学生的各方面都有着极大的影响。

（一）树立正确的就业观

大学生的就业观主要表现在大学生进入社会后对工作的态度，影响到大学生就业的顺利程度。从更高层次来讨论，这种就业观决定大学生在社会上的生存能力。大学生的就业观形成于大学期间，是由大学生在校期间接触到的就业知识、就业现状等因素的影响而形成的，是一种不成熟的就业观，存在偏差和漏洞。所以帮助大学生树立正确的就业观是高校不可忽视的重要教育内容。从我国当前的就业形势来看，高校需要对大学生进行思想教育来提升他们的政治认知和素养，督促大学生重视自身的价值观和人生观，并且与当前的就业形势结合考虑，做出适当的调整和改变。进而可以使他们形成正确的就业观，提升自身的就业竞争力。

（二）养成良好的职业道德

大学生无论从事什么样的工作，良好的职业道德都是实现职业发展的基础。对大学生

来说，如果过硬的、高水平的专业技能是其打开就业大门的最好手段，那么良好的职业道德就是大学生未来在任职岗位上发展的基础与前提。因此，帮助大学生养成良好的职业道德，对提升他们的就业竞争力是至关重要的。但是近年来，随着部分大学生在职场上出现的不诚信和不守信、不道德的现象出现；越来越多的用人单位在选人时更加看重大学生的人品、道德方面的素质，并将其作为选用人才的重要标准。虽然由于职业道德自身的特点不会过多地影响到大学生的求职阶段，但是会对大学生未来的职业发展造成极大的影响。而思政教育可以从根本上培养大学生的职业道德，使大学生的诚信、敬业、奉献、务实以及负责人等方面得到提升和发展。

（三）端正就业心态

就业心态从根本上来说就是指大学生的就业心理素质。大学生在毕业之前，校园是大学生主要的学习和活动场所，对外界社会的接触虽然相较于以往有所增加，但是总体来说接触的机会较少；对外界社会的了解不足，尤其是对未来的职场生活了解更是少之又少，对社会没有形成没有客观的认识。因此，大学生对未来的求职、任职、职业发展有一些问题。面对未来的诸多问题，大学生难以从长远眼光来看待问题，没有足够的应对能力来处理遇到的挫折和困难。而思政教育主要的内容中就包含了心理素质教育，能够很好地解决大学生在就业中心理问题和压力问题，是一种非常有效的途径和方法。它可以培养大学生的进取、奋斗、风险的精神，还可以是大学生进行自我调节，端正自己的就业心态。

三、思政教育提升大学生就业竞争力的有效途径

虽然思政教育如此重要，但是如果没有相应的途径和方法，思政教育对就业竞争力的提升作用也不能够发挥到最大。因此，高校找到正确的、有效的途径非常重要。

（一）加强思政教育队伍建设

无论是什么类别的教育，最终的执行者都是人，思政教育也不例外，它的执行者是学校的教师，因此教师的综合素质的高低以及学校思政教育教师队伍质量的好坏都会对思政教育效果造成影响。对大学生就业竞争力来说，不仅需要思政教育的教师有着广博的知识面、高水平的专业水准以及熟练的专业技能，还需要这些教师具备就业指导、职业规划指导等相关的理论知识和实践能力。因此，高校应该加强思政教育队伍的建设，可以通过引进、借调、招聘、继续教育、校内培训、校外培训等方式来提高队伍中教师的综合素质；创建一支在思政教育的理解和运用中都能达到高水准的教师队伍。通过这样的优秀队伍来帮助大学生使自身的就业观、职业道德、就业心态得到更好地强化和提升，提高其就业竞争力。

（二）拓宽思政教育的内涵

高校应该将思政教育提升大学生的就业能力作为一个重点的教育项目，专门用来改善

大学生的就业竞争力。在这个教育项目中的思政教育不仅具有和其他类别教育一样的目标和内容，除此以外，它还是以就业为指导，特别突出对大学生的就业观、创业观、职业道德等的教育。因此，为了能够更好地提升大学生的就业竞争力，应该结合实际的工作情况来拓宽思政教育的内涵，例如可以通过思政教育来提升大学生的自我认知能力、职场适应能力、社会适应能力、抗挫折能力以及引导大学生树立明确的学习目标、制定适合自己的学习计划、形成学习动机等等。

（三）增强思政教育的实效性

长期以来，我国思政教育课一直处于尴尬境地，思政教育课长期以理论为主，这样的思政教育课没有贴近大学生的实际需求，教学效果不理想。尤其是在提升大学生就业竞争力方面，思政课上的理论教育仅仅是让大学生知道了这样的理论，在实际的就业竞争中起到的效果微乎其微。因此，应该增强思政教育的实效性，以大学生不同的个人情况，例如兴趣爱好、专业特长、能力水平、性格特点等有针对性地进行教育，帮助大学生准确找到自身的定位，使他们根据自身的实际情况来树立就业目标，根据目标来进行自身的职业规划和采取相应的对策，从而改变大学生对未来就业的迷茫和不知所措，提升大学生的就业竞争力。

综上所述，思政教育对就业竞争力的影响无疑是巨大的，对大学生来说有着非常重要的作用。但是思政教育作为教育的一种，是随着时代的变化而在不断发生改变的，在应用过程中不能将其教条化、公式化，要做到与时俱进。因此，高校教育更应该不断完善思政教育来引导大学生进行自我提升，最终使大学生获得成功。

第三节　思政教育对大学生职业生涯的影响

大学生就业问题是当前必须解决的社会问题之一。引导高校大学生树立正确的人生观、价值观、世界观，提高大学生的就业竞争力，是高校人才培养的重要目标之一。本节主要从职业生涯规划教育在大学生思政教育中的作用入手，提出几点在职业生涯规划指导下创新大学生思政教育的办法。

近年来，随着高等院校的教育由"精英化"向"大众化"的转变，大学生的就业问题，以及大学生职业生涯规划教育问题已经成为各高校人才培养的关注点。因此，实现大学生的职业生涯规划教育，融思政教育于其中，既符合当前职业生涯规划教育的发展要求，而且又是解决大学生就业难的问题有力措施之一，大学生的职业素质在其中扮演重要角色。职业素质主要指的是高校毕业生就业时应具备的和职业相关的性格、知识与能力，品质和价值观等方面的综合素养。职业素质是大学生在职业岗位上立足、发展的前提条件。随着国家制定的新思想政治理论课程体系的实施和深入发展，培养大学生的综合素质又迈向一个全新的平台。如何将思政教育与大学生的职业教育、生涯规划紧密联系在一起，更好地体现思想政治理论的针对性，已经成为目前亟待解决的问题之一。

一、立足就业市场需求，优化思政教育的内容

高校在指导大学生职业生涯规划中要始终坚持以"科学发展观"为指导的原则，根据大学生就业工作的实际情况，不断优化就业思政教育载体，不断创新就业思政教育载体的形式，有利于大学生及时了解掌握最新的就业政策，掌握求职技巧，科学规划职业生涯；为帮助大学生实现就业提供优质服务，为实现伟大的"中国梦"而努力奋斗。例如，优化就业指导课平台，不断丰富就业指导课的内容，如专题讨论、案例分析法等方式引导帮助大学生树立正确的道德观、价值观，建立良好的就业观，及时了解一些最新的职业规划信息，掌握求职技能技巧等。与此同时，要不断优化专业课载体，深化对专业知识的认知，促使大学生明确就业方向以及自我发展方向；不断优化社会实践平台，积极组织开展一些社会实践、调研实习、挂职锻炼等活动；在实践中去体验价值，在实践中去锤炼意志，在实践中深化对社会市场经济发展形势、就业趋势以及专业发展的前景等的认识。

二、明确就业基本目标，将职业生涯规划融入思政教育

职业生涯规划是大学生对自身职业素养不断认识规划完善的过程，将其贯穿于整个大学的学习过程中对提高自身的核心竞争力意义重大。思政教育能引导大学生树立正确的职业理想。思政教育融入大学生的职业生涯规划中，更有利于促进学生开发职业能力，这就要求高校将职业生涯教育列入大学生思政工作的预定序列中。思政教育主要包含科学的世界观、人生观、价值观等内容。这些正确的思想观念和理想信念结合是支撑大学生走向未来、创造辉煌的精神原动力。职业生涯规划过程与思政教育的纵深化的过程异曲同工。因此，在充分利用职业生涯规划导向功能的同时，还应该围绕理想信念这条主线，将关注点放不断完善自身、树立正确"三观"上来。大学生努力使自己成为德智体全面发展的社会主义事业的建设者和接班人，并最大限度地展现自我才华，实现人生价值。

三、树立正确就业观念，将职业选择引导融入思政教育

结合当代大学生在就业中的具体情况开展思政教育工作，更利于重点突出。例如，加强对大学生的政治、道德及心理等方面的引导，完善大学生的思想品质，更利于他们在就业中获得良好发展。在政治方面，大学生作为国家人才战略的重要资源，在国家的战略发展、经济发展中发挥着重要作用，通过对大学生进行思政教育，让他们明确不同的就业方向。例如，向事业单位、国企、民企等分流，到祖国需要的地方去展示自己的才华。首先，高校通过政治教育能够帮助大学生建立更健康的就业观与择业观，促进其道德的完善。其

次，在道德方面，高校要注重对大学生脚踏实地、实事求是方面的教育，让他们都能够做好定位，在实际工作中找准自己。在此基础上，树立终生的职业发展规划，不好高骛远，要不断提高个人的道德修养；并且建立良好的职业道德观，为企业、社会、国家、个人的全面努力贡献力量。

四、提升就业教育实效性，建立完善的思政教育工作机制

在深入贯彻思政教育理念的同时，要建立完善的工作机制为大学生的职业规划工作在制度上提供保障。例如，尽快把职业生涯规划课程列入必修课的范围当中，从大学生的角度看，他们更加重视对必修课的学习，因此将职业生涯规划课程列入必修课范围，大学生能够从心理层面上能够提高对其的重视度。此外，对学生的职业生涯规划报告要进行收集、建档，根据学生不同阶段的发展需求、职业规划需求的不同制定不同的职业规划目标，在此基础上及时完成这些规划目标。例如，自大一起始，要依托思政教育，助力大学生形成远大抱负，为后续的学习奠定良好基础；进入大二、大三阶段，高校的重点工作是培养大学生的职业素养，为将来职业的良好发展打下能力基础；进入大四阶段，高校要不断强化大学生的社会责任感，帮助大学生树立科学的就业观等；结合不同阶段的大学生学生的职业规划方案，对大学生的职业规划完成情况要及时收集、归档，结合实际分析大学生在不同阶段的需求变化的情况，进而再去指导学生。这样也能帮助大学生更加深入了解自己的发展方向，为毕业后的职业生涯的更好发展提供一定的借鉴与参考。

对大学生来说，思政教育有利于他们的个性和共性的协调发展。我们都知道思政教育是主流意识形态对大学生的教育，高等院校的思政教育需要按照统一的标准制定教学计划，具有一元性与统一性。由于学生长期接受"满堂灌"的思政教育教学方法，再加上大学阶段的思政教育在创新性上不够，导致部分大学生对思政教育没有兴趣，有些学生还会产生抵触情绪。大学生职业生涯规划强调的是尊重大学生的个体的独特性，同时也要体现其差异性，引导大学生不断了解自我。根据大学生自身的情况选择适合自己的职业发展道路，科学合理地规划自己的职业生涯。

第四节　高校就业教育与思政教育相融合对人才培养的影响

为适应当今社会的剧烈变革，对高校就业教育与思政教育相互融合以及对人才培养的影响进行探究是很有必要的。本节首先分析高校就业教育与思政教育相互融合的必要性，明确高校内部创业教育与思政教育发展的迫切需求；其次分析高校就业教育与思政教育相互融合的可行性，了解创业教育与思政教育之间概念的共通性；最后对高校就业教育与思政教育相互融合对人才培养的影响做出总结和分析，并分别讨论高校就业教育与思政教育

相互融合后的教育理论对人才培养方向所具备的指导作用、协调作用和促进作用。

　　高校的主要目的是为社会培养专业人才，而就业教育对于一个大学生就业观的形成具备十分重要的影响。科学技术的发展带动社会发生巨大变革，在人们生活习惯、生活水平以及思想观念发生变化的前提下，高校对专业人才思想的培养已经很难适应时代变化。因此，一些教学领域的研究人员尝试将高校中就业教育与思政教育相互融合，从而确保人才培养的方向。本节尝试分析将高校的就业教育与思政教育相互融合的必要性与可行性。最后，分析高校就业与思政教育相融合对人才培养的影响，分别论述融合后的思政教育对人才培养的指导功能、协调功能以及促进功能。

一、高校就业教育与思政教育相融合的必要性

　　高校开展政治思想工作的是要对高校学生进行思政教育，使其能够在发展智力的同时进行德育教育，进而实现整个社会的和谐与稳定。但是到了现代社会，尤其是在科技飞速发展的 21 世纪，思想文化环境也不断发生变化。由于思想文化观念的巨大转变，高校传统的政治思想教育已经无法起到应有的效果。科技的飞速发展，许多新生的文化观念与传统的政治思想工作发生冲突，也为高校的政治思想工作产生一定的负面影响。为了能够稳定大学生思想，高校必须尽快提高思政教育的实效性。在目前的社会与高校中，能够影响思政教育效果的因素众多，而且传统的思政教育形式也确实已经不符合时代发展的需要。因此，必须要对高校的思政教育进行改革，从当前的社会现实出发，立足于政治功能，以培养学生在日后工作中良好的道德理念为根本目的。这样的思政教育可以直接与就业教育相融合，以达到为思政教育加入时代性的目的。

　　思政教育与就业教育相结合之后，就从单纯地实现社会价值的教育，转变为既能实现社会价值也能实现个体价值的教育。其教育目标是促进高校大学生的全面发展，增加就业技能，并且为其在日后的就业过程中树立正确的价值观，对社会和谐稳定起到一定作用。在当前社会，很少有相关专业的大学生能够认真思考思政教育的核心思想，但若是将思政教育与就业教育相结合，就能够将枯燥乏味的思政教育转变为具备实用价值的就业思想教育。这样，不仅能够为高校教育增添人本思维，也能对就业教育与思政教育双方增加创新性和辩证性。

　　高校设立思政教育课和就业教育课的根本目的是要培养拥有实际就业能力的专业人才，同时促进大学生能够在社会生活中具备正确的"三观"。在这样的教育理念影响下，将就业教育与思政教育相融合，使思政教育作为就业教育的一部分，就能够为大学生树立一个正确的就业观起到一定作用，这样不仅能够使大学生容易接受思政教育，而且还能使大学生真正养成一个良好的就业或创业心理。因此，高校就业与思政教育相互融合对人才培养是十分有必要的。

二、高校就业与思政教育相融合的可行性分析

由于社会环境与思想的转变，高校的思政教育与就业教育都需要进行一定的转变。此时将两者融合具备一定的必要性，下文分析将思政教育与就业教育相互融合的可行性。在新时代下，需要坚持中国特色社会主义思想体系，坚持高校的思政教育，将思政教育与就业教育相融合，构建全新的大学生思政教育与就业教育体系。而想要实现两个教育体系的共赢，就需要确保两者之间存在教育目标的一致性。思政教育的目的在于培养大学生的人生观、世界观和价值观，培养大学生的全面发展，利用中国特色社会主义的核心思想引导大学生进行思想上的转变，使大学生完成人格上、精神上的独立与思想上的提高；最终使大学生能够在就业后拥有成熟稳重、守序善良的良好品格。就业教育则是为了培养大学生实际就业和创业的能力，为科技发展和社会进步培养大批人才。相比于实际理论的教学，就业教育更注重实践，旨在培养学生拥有在就业后解决问题的能力和正确的思想道德。综上所述，无论是就业教育还是思政教育，其宗旨都是使大学生能够拥有独立自主的人格与正确的价值观去处理就业后的各种情况。这是思政教育与就业教育相融合的基础，也标志着思政教育与就业教育相融合具备着一定的可行性。

其次，思政教育与就业教育还需要在教学内容上具备一定的共通性。从教学形式上来看，大学生的就业教育更看重在社会上的就业实践，而思政教育则是理论知识。然而在社会发展新形势下，无论是什么学科都开始提倡理论与实践相结合，这就给思政教育与就业教育相融合奠定了基础。思政教育与就业教育存在教育目的的一致性，在课程设置上也有一定的重叠。在实际的课程中，可以用就业教育弥补思政教育中实践性不足的问题。同时，还可以用思政教育中有关现代社会主义核心价值观的思想理论，以此来弥补当代大学生就业教育中内涵不足的问题。

三、高校思政教育与就业教育相融合对人才培养的影响分析

（一）高校思政教育与就业教育相融合对人才培养的指导功能

思政教育的目的主要在于培养大学生的德育素质，而大学的就业教育则是为了使学生能够更好地适应就业环境，并拥有符合社会主义核心价值观的职业生涯规划与就业"三观"。这两者对于大学生的人生规划都具有指导性作用，能够强化大学生的思想教育，提高学生的思想素质，并培养学生自我约束自我管制的习惯和能力。通过思政教育，学生能够更好地适应日后的就业生活，并严格遵守职业道德底线，不违反法律法规。思政教育与就业教育相结合能够指导学生日后的自我规划，使大学生在毕业后得到较好的发展。因此，高校内将思政教育与就业教育相融合形成的教学内容，对于大学生未来的人生规划有着重要的指导功能。

（二）高校思政教育与就业教育相融合对人才培养的协调功能

思政教育是一门历史悠久的学科，自中华人民共和国成立以来就一直是大学生们的必修课。但是在社会飞速发展的今天，这门学科很难被非本专业的学生进行研究，在现实中已经成为一门被视为缺乏实效性的课程。而就业教育是一门新兴的学科，设置这门学科的主要目的是缓解大学生的就业压力，为大学生的未来发展提供规划。但是，这门课程由实践课占大多数，相关的就业理论一直缺乏。因此，将思政教育与就业教育相结合，能够极大地缓解两门课程的授课压力，平衡两门课程在教学过程中的优缺点，使学生能够从课程中学习到更多的知识。

（三）高校思政教育与就业教育相融合对人才培养的促进功能

从思政教育与就业教育的教学目的出发，这两门课程都能在一定程度上对大学生精神文明的进步起到促进作用，提高学生自身的素质，对大学生开展德育教育，帮助大学生树立人生目标和人生规划。因此，高校就业教育与思政教育相融合后的教育体系也会有利于大学生符合社会企业对于人才的需求，缓解大学生的就业压力，对高校人才培养工作具有积极的促进作用。

在高校学习的思政教育、就业教育与专业理论知识不同，即使很久不用也不会遗忘，而是会伴随大学生的一生，潜移默化地影响大学生人生的各个阶段。因此，在对思政教育与就业教育进行整合时，需要全校师生的重视与支持。思政教育的教师应与就业教育的教师通力合作，打造一个能够实现思政教育和就业教育相融合与课程，进而打开思政教育与就业教育有效发展的新局面。

第五节　"课程思政"对大学生就业软实力提升的影响

本节旨在阐述"课程思政"对大学生就业软实力提升的影响。以习近平总书记在全国高校思政教育工作会议上的重要讲话为指引，论述了课程思政教育提升大学生的思想境界、塑造大学生的思想政治素养、改变大学生的职业认知、培养大学生的家国情怀的意义。

2019 年，习近平总书记主持召开学校思想政治理论课教师座谈会并发表重要讲话后，全国将课程思政的教学推向了新高潮，根据习近平总书记的讲话精神，本着贯彻党的教育方针的目标，各个高校不断改革和创新课程思政的教学方案，努力实现教书育人、思想教育为首要的课程思政教育，以为党和国家培养思想端正、态度积极的人才。作为社会和职场直接的人才输入端，高校院校为了能够增强大学生的政治思想教育，提高学生的政治思想和个人觉悟，在高校课程的教育过程中开展了各种课程思政的教学措施。例如，开展全面多元化的教学改革，完善以学生的思想教育和就业为核心的系统化课程体系，构建技术课程融合思政教育实现课程思政的课程内容体系，力求能够更有针对性地提高学生的职业素养，从而实现学生就业软实力的提升。

大学生就业市场上，本科生不占优势，尤其是当前很多本科院校开始向"应用型大学"转变，更是让更多的大学生本身应用实践能力的优势逐渐消失。但是大学生在就业过程中，除了应用实践和技术能力等硬实力具有一定的优势外，自身的就业韧性和思想上也有较好的表现，为了能够让大学生在政治思想和信仰、个人职场价值观和家国情怀等方面能够有更加良好的表现，高校院校通过"课程思政"教学，来促进大学生在就业软实力方面的提升。因此，实现大学生综合素质和政治思想素养的提升，完善学生个人发展的可持续性，在人才市场上更具竞争力。

一、提升大学生的思想境界

课程思政的开展，对大学生来说，不仅能够学习到一个体系化、科学化的形而上的课程体系，而且还能够掌握整合其他课程的能力，从而有效提升自身的整合素质、培养个人的思想道德观念，对于个人的理论学习和技能掌握、塑造个人思想形态来说具有非常大的作用。对个人成长和思想形成来说，很多高校院校的学生仍然处在人生思想的初期，所以可塑性强。因此，高校院校开展课程思政，要在习近平总书记的重要讲话的指引下，以技术课程与思政课程相结合，形成一个大思政的教育形态，从而把高校院校打造成坚守马克思主义、维护我国国家意识形态安全的主要阵地之一。

课程思政对于高校毕业生就业软实力的提升，首先是通过课程思政的教育和影响实现了大学生在学理性、政治性的融合与统一，在大学生学习技能的同时还能够有效地提高政治素养，提高思想境界，学习辩证思维，从而让大学生在工作和学习过程中，能够紧跟社会建设步伐，并且能够使用辩证思维方式去思考和工作，实现自己从单一的"技能型"人才向"素养技能型"人才转变。在课程思政实施过程中，为了能够提高大学生在就业过程中学理性和政治性的融合，思政教育教学过程往往会将知识、案例以及相关专业的经验分享等相结合。这样不仅加大了大学生对知识的认知度，而且还能够让学生将理论与实践进行融合，实现理论与实践相结合的升华。同时，借助其他社会实践活动如实习等，更能让大学生的实践性得到充分锻炼。最重要的是，课程思政让大学生能够在思想教育和社会实践过程中，不断地端正思想，在岗位上更能够表现出优秀的职业道德和操守。从而使学生敢于担当、勇于奉献、爱岗敬业等就业软实力得以锻炼和提升，真正实现理论教育和实践相结合，进而提高大学生的思想境界。

二、提升大学生的思想政治素养

课程思政教育，可以有效提升大学生的思想政治素养，在工作中充分实践"社会主义核心价值观"。习近平总书记在全国高校思政教育工作会议上提出了显性教育与隐性教育相统一的教育理念，要求全国高校在其他课程教学过程中融入思政教育的内容。习近平总书记对高校思想教育工作的指导思想，是课程思政教育的源头，也是高校院校实践大思政的主要理论依据。为了能够让每一个大学生在工作过程中呈现出良好的思想政治素养，从而为实现社会主义现代化建设目标、实现中国梦而不懈努力，体现每一个大学生作为单独的生命个体存在于社会所能够呈现出的价值；并能够提升学生的思想政治素养，在课程思政过程中可以以各种题材的影视作品来对学生进行思想熏陶，实现学生个体的思想政治素养在潜移默化中逐渐形成。例如，通过我国优秀的主旋律影视作品来让学生了解国家相对于个人来说的重要性，让大学生认识到爱国精神是每个大学生的责任和担当；通过影视作品来让学生了解国家对民族的重要性，认识到民族精神的传承是每个大学生的义务。此外，为了能够让大学生对思想政治素养有直观的认识，可以邀请对应专业的杰出代表到课堂进行案例教学；通过直观形象的鲜活案例剖析，让大学生加深对个体在工作过程中所表现出的思想政治素养和职业精神的认知，从而坚定自己的思想信仰和职业精神，塑造自身更加优秀的思想政治素养。

三、改变大学生的职业认知

正确的职业认知是大学生在工作中表现良好、稳步发展、敬业爱岗的基础和前提。习近平总书记在全国高校思想政治工作中提出利用每一门课程来为大学生做好思政教育工作的渠道，从而实现多个课程与思想政治相结合形成协同效应的局面。在正确的职业认知前提下，大学生能够清楚地认识到自己未来面对的职业的内容和本质是什么，能够认识到自己在人才市场中所处的位置是什么。只有这样才能够让学生在高校院校学习阶段，制定自己的职业生涯规划，并为提升自己的技能制定相应的计划与目标，实现自身能力和素质的提升。在专业课程教学方面，教师可以使用情境教学法，为大学生创设真实的工作情境，并且采用辩论、角色扮演等多样化的教学手段让大学生去对自己的职业有一个清楚和正确的认知。同时，可以采用第二课堂教学，可以与企业合作，让大学生参观未来的就业环境和工作状态，并且与企业负责人开展座谈会来加深学生的职业认知。

当然，对于职场工作内容等的认识和了解仅仅是职场的外在表现，而职场人为了国家集体荣誉和个人价值所呈现出坚韧不拔、坚持不懈、积极学习、努力向上的精神才是职场的本质。为了能够让大学生对职业的外在和本质有更加深刻的了解，思政课程下的思政教育工作更是需要持续加强。通过多样化的教学内容和贴近生活的社会实践，让高校大学生能够在理论课堂上拥有丰富的个人感悟、在社会实践中有真实贴切地切身体验，从而让大学生能够了解自身的不足，激发学习和提升的欲望；继而在职场表现出更强的思想韧性和承受力。

四、培养高校大学生的家国情怀

家国情怀是高校大学生激发爱国精神和民族意识的源泉，也是每一个中国人必不可少的思想境界，这与社会主义核心价值观的内容是一致的。我国自古就强调"修身齐家治国平天下"，家与国在一起、有国才有家的认知才是高校大学生实践社会主义核心价值观，做到"爱国""敬业"相统一应有的思想境界和个人情怀。作为高校大学生的教育人，每一个教师应该以身作则，通过呈现出自身良好的职业素养和家国情怀，来言传身教地培养大学生的家国情怀。这样才能让高校大学生在工作中做到"爱岗敬业""热爱祖国"，为经济发展和国家建设而不懈奋斗。

综上所述，高校大学生的思想对工作来说至关重要，其在工作中所表现出的职业素质和个人思想是其就业软实力的呈现。高校院校开展的课程思政，可以提升高校大学生的思想境界，塑造高校大学生的思想政治素养，改变高校大学生的职业认知，培养高校大学生的家国情怀，从而让大学生在工作中更加具备良好的职业道德和职业精神，更加"爱国""敬业"。

参考文献

[1] 冯刚.习近平关于大学生思想政治教育论述的理论蕴涵 [J].重庆大学学报（社会科学版），2018，24（03）：170-180.

[2] 冯刚.互联网思维与思想政治教育创新发展 [J].学校党建与思想教育，2018（03）：4-8.

[3] 冯刚.思想政治理论课与日常思想政治教育协同育人的理论思考 [J].学校党建与思想教育，2017（21）：18-23.

[4] 石书臣.同向同行：高校思想政治教育协同创新的课程着力点 [J].思想理论教育，2017（07）：15-20.

[5] 李晓莉.思想政治教育协同创新研究 [D].兰州：兰州大学，2016.

[6] 王双阳，张景书.新媒体时代高校学生思想政治教育工作的协同创新 [J].继续教育研究，2015（01）：83-84.

[7] 刘胜君.大众传媒的思想政治教育功能研究 [D].北京：北京交通大学，2014.

[8] 叶燊.新媒体时代大学生思想政治教育价值理念创新研究 [J].伦理学研究，2014（01）：131-134.

[9] 董召勤.新媒体时代大学生思想政治教育创新 [J].学校党建与思想教育，2013（25）：46-47+65.

[10] 季海菊.基于新媒体环境下的大学生思想政治教育研究 [D].南京：南京师范大学，2013.

[11] 杨志群.网络时代大学生思想政治教育面临的挑战及对策 [J].教育探索，2012（09）：139-140.

[12] 冯刚.党的十六大以来大学生思想政治教育的创新与发展 [J].中国高等教育，2012（18）：8-11.

[13] 李文政.网络时代思想政治教育面临的机遇和应对措施 [J].山东省青年管理干部学院学报，2003（01）：59-60.

[14] 约斯.德.穆尔.赛博空间的奥德赛 [M].麦永雄,译.桂林:广西师范大学出版社，2007.

[15] 马克·波斯特.信息方式：后结构主义与社会语境 [M].范静哗,译.北京：商务印书馆.2000.

[16] 王学俭，刘强．新媒体与基于新媒体环境下的大学生思想政治教育 [M].北京：人民出版社，2012.

[17] 王虹，刘智．新媒体时代基于新媒体环境下的大学生思想政治教育创新研究 [M].北京：中国社会科学出版社，2012.

[18] 蔡帼芬．媒介素养 [M].北京：中国传媒大学出版社，2005.

[19] 成长春．网络思想教育新论 [M].开封：河南大学出版社，2006.

[20] 宫承波．新媒体概论 [M].北京：中国广播电视出版社，2009.

[21] 弗兰克．韦伯斯特．信息社会理论 [M].曹晋，等，译．北京：北京大学出版社，2011.

[22] 尼古拉．尼葛洛庞帝．数字化生存 [M].胡泳，范海燕，译．海口：海南出版社，1997.

[23] 欧阳友权．数字媒介下的文艺转型 [M].北京：中国社会科学出版社，2011.

[24] 张耀灿，陈万柏．思想政治教育学原理 [M].北京：高等教育出版社，2001.

[25] 谭天．新媒体新论 [M].广州：暨南大学出版社，2013.

[26] 廖祥忠．何为新媒体 [J].现代传播，2008(5).